A HISTÓRIA DE JESUS PARA QUEM TEM PRESSA

CB025223

Anthony Le Donne

A HISTÓRIA DE
JESUS
PARA QUEM TEM PRESSA

valentina

Rio de Janeiro, 2019

1ª edição

TÍTULO ORIGINAL
Jesus: A Beginner's Guide

CAPA
Sérgio Campante

FOTO DO AUTOR
Trevor Little

DIAGRAMAÇÃO
Kátia Regina Silva | editorîârte

Impresso no Brasil
Printed in Brazil
2019

CIP-BRASIL. CATALOGAÇÃO NA PUBLICAÇÃO
SINDICATO NACIONAL DOS EDITORES DE LIVROS, RJ
MERI GLEICE RODRIGUES DE SOUZA – BIBLIOTECÁRIA CRB-7/6439

D739h

Donne, Anthony Le
   A história de Jesus para quem tem pressa / Anthony Le Donne; tradução Milton Chaves – 1. ed. – Rio de Janeiro: Valentina, 2019.
   208p.: il. ; 21 cm.

   Tradução de: Jesus: a beginner's guide
   ISBN 978-85-5889-099-1

   1. Jesus Cristo – Historicidade. 2. Jesus Cristo – Personalidade e missão. I. Chaves, Milton. II. Título.

19-61235

CDD: 232.908
CDU: 27-31

Todos os livros da Editora Valentina estão em conformidade com
o novo Acordo Ortográfico da Língua Portuguesa.

Todos os direitos desta edição reservados à

EDITORA VALENTINA
Rua Santa Clara 50/1107 – Copacabana
Rio de Janeiro – 22041-012
Tel/Fax: (21) 3208-8777
www.editoravalentina.com.br

SUMÁRIO

AGRADECIMENTOS

Meus colegas e alunos do United Theological Seminary contribuíram de inúmeras formas para esta publicação. Debates em salas de aula, grupos de discussão para tratar de questões de doutorado e até bate-papos informais nos corredores serviram para gerar frutos. Sou especialmente grato aos meus assistentes de pesquisa, Ayad Attia e James Mallory. Muitas das conversas que tive com Tom Dozeman me ajudaram a refletir bastante sobre o tópico do ritual de purificação. Justus Hunter me indicou algumas fontes de informação de suma importância relacionadas ao pensamento cristão anterior à Era Moderna. Além disso, o dr. Hunter leu o rascunho inicial do manuscrito e o aperfeiçoou. Sou grato também à colaboração dos meus colegas de profissão, Chris Keith, Joan Taylor e Shadi Doostdar, que me ajudaram a revisar partes do livro.

Dedico esta obra a Gary, meu pai. Homem dono de uma mente aberta e um coração generoso. Pensei muito na sua índole — de pessoa imparcial, compreensiva — quando o imaginei lendo este livro. Grande parte do território que explorei nesta obra era algo novo para mim e (talvez) seja para muitos leitores. Meu pai é uma pessoa sempre disposta a abraçar novas ideias; sua curiosidade intelectual faz dele uma "voz interior" ideal para este projeto. Quanto ao seu coração generoso, indague, a esse respeito, a qualquer pessoa que o conhece, e você verá. Sou um homem abençoado por fazer parte dessa família.

INTRODUÇÃO: UM GUIA PARA UM CAMINHO TORTUOSO

Nestas páginas, você conhecerá as muitas faces de Jesus. Conhecerá o franzino trabalhador (diarista) de cabelos curtos, sem barba e sem alguns dentes. Conhecerá o simbólico cordeiro sacrificial da imaginação de João. Conhecerá o homem-deus das controvérsias e conflitos do cristianismo primitivo. Conhecerá o chefe guerreiro da poesia viking. Conhecerá a inspiração das artes. Em suma, conhecerá um Jesus encarnado e reencarnado nestes últimos 2.000 anos.

E por onde começar? Devemos começar por Jesus, o pregador político? Jesus, o homem santo ressuscitado? Jesus, o ícone medieval ostentado nas bandeiras das Cruzadas? Jesus, o salvador de quase três bilhões de cristãos espalhados pelo mundo? Tão grande é a influência de Jesus, que seu legado é muito, muito rico e variado.

Desde o início, Jesus apresenta várias facetas. Ainda que nos concentremos apenas no Jesus da Bíblia, deparamos com múltiplas descrições dele. Os adeptos do cristianismo primitivo comparavam quatro histórias sobre sua vida: os evangelhos de Mateus, Marcos, Lucas e João. Ou deveríamos — tal como muitos estudiosos têm feito — tentar sondagens profundas nos evangelhos em busca das primeiras máximas apregoadas por Jesus? Talvez isso até nos forneça um interessante mosaico da sua vida pública como pregador, mas deparamos aqui também com a falta de uma descrição única a esse respeito.

Qualquer estudo sério sobre Jesus deve levar em conta as muitas impressões deixadas pelo seu legado. Não quero dizer com isso que historiadores não consigam determinar com precisão vários fatos da sua vida, suas ocupações e ideias. Contudo, tais fatos devem ter sempre alguma relação com a forma pela qual a imagem e as mensagens de Jesus foram reverenciadas e distorcidas com o passar dos séculos. Jesus e suas mensagens, tanto teológica como metaforicamente, continuam a revitalizar a existência das pessoas que dele se lembram.

O livro que você tem em mãos, portanto, não é apenas uma reconstituição da vida de Jesus. Tampouco é somente a história de uma ideia. Este guia está dividido em cinco partes, todas elas importantes para entendermos a vida e o legado do Mestre Nazareno.

No primeiro capítulo, concentro-me em Jesus, o homem. Nessa parte do livro, forneço vários canais de observação da sua vida particular e da sua vida pública. Trata-se de um resumo de memórias, celebrações e análises do contexto social vivido por ele no século 1.

No segundo capítulo, na presença de Jesus na literatura do cristianismo primitivo. Procuro transmitir uma impressão gerada pelo impacto inicial e alvoroçante causado por ele. Dou destaque ao Jesus descrito por Mateus, ao Jesus de Paulo, ao Jesus de João etc. Esses escritos são retratos literários, mas cada um deles, de alguma forma, tem relação com o "Jesus histórico". Essas primeiras testemunhas têm condições de apresentar algo realmente verdadeiro a seu respeito. Ao mesmo tempo, esses retratos criam algo único; cada novo relato é uma invenção de determinado estágio de desenvolvimento teológico.

No terceiro capítulo, foco na evolução de Jesus na imaginação pré--moderna. Demonstrarei os altos e baixos entre o Jesus ícone religioso e o iconoclasta emergente. A maior parte dessas "reencarnações" reflete preocupações e suscetibilidades das culturas em que os dois Jesus estão presentes. Jesus é refeito com frequência à imagem dos seus seguidores. Por isso, vemos um reflexo da história do Ocidente em cada nova encarnação sua.

No quarto capítulo, concentro meus esforços em Jesus como tema da conscientização histórica do "Iluminismo". Explicarei como historiadores (tanto os religiosos como os sem religião) têm tentado reconstruí-lo. Sob muitos aspectos, essa era representa uma nova forma de restauração histórico--literária. Ela faz uso de suposições filosóficas e métodos incisivos para retratar Jesus, em vez de lançar mão da pintura e da poesia; mas isso ainda reflete as preocupações e suscetibilidades dos artistas (ainda que tais historiadores prefiram considerar-se cientistas). Um acontecimento de suma importância neste estágio do fenômeno, porém, é que historiadores começaram a produzir páginas e mais páginas de restaurações descritivas da vida e dos objetivos de Jesus.

No quinto capítulo, foco a atenção na questão da presença de Jesus na cultura pop. Demonstrarei que muitas vozes contemporâneas exploram o legado de Jesus. Entre elas, figurarão ideólogos, ativistas e artistas.

Este livro é uma pequena obra sobre um grande tema. Embora ele vá traçar um percurso que se estende da época de Jesus à presença do seu legado nos dias atuais, indicará somente um caminho possível. É um guia que mapeará, contudo, um caminho tortuoso, indicando apenas alguns pontos de referência ao longo da sua extensão. Alguns deles nos levarão muito além do alcançado pelos que trilham a velha rota de sempre. Espero que cada critério de aferição incentive novos estudos sobre o tema, o período ou a personalidade histórica apresentada nestes escritos. Tal como espero que você o faça, podemos encontrar uma variedade de Jesus em quase todos os cantos da paisagem ocidental.

CAPÍTULO UM

JESUS, O HOMEM

"Parece claro que Jesus compreendeu a natureza da relação entre seu povo e os romanos, e interpretou essa relação num contexto impregnado da mais profunda inspiração de ordem ética no tocante à sua crença religiosa, tal como a vira manifestar-se no seio dos profetas de Israel."

Howard Thurman

INTRODUÇÃO: DE MIKE A MARTIN E DE JESUS A CRISTO!

Quando estudiosos conversam sobre Jesus, uma frase sempre vem à tona: "O Jesus histórico e o Cristo da fé." Trata-se de um dos clichês favoritos entre os acadêmicos porque lhes permite evitar lidar com complexidades. A ideia básica reinante entre eles é que Jesus (o homem) foi uma espécie de obscuro e malcompreendido professor de filosofia. Mas Cristo (o homem--deus) é a invenção de uma nova religião. O clichê serve para reduzir uma personalidade interessante a um chato dualista. Mas o pior é que essa dualidade não consegue explicar como Jesus acabou ficando conhecido como "o Cristo". Esse estado de coisas nos compele a procurar compreender o impacto imediato e suscitador de mudanças de estilo de vida causado por Jesus. Portanto, para demonstrar a força da influência e a evolução da imagem de Jesus, consideremos um tipo de analogia dos tempos modernos: Mike King.

Em 1929, nascia Michael King em Atlanta. Naquele ano, a pessoa mais famosa do estado da Geórgia era uma lenda do beisebol, Ty Cobb. Já a pessoa mais famosa do mundo era um astro do cinema, Charlie Chaplin. A notícia mais importante de 1929 foi a crise econômica, que começou com os investidores de Wall Street e acabou se transformando numa catástrofe mundial. Desnecessário dizer que pouquíssimas pessoas ficaram sabendo do nascimento de Michael. Afinal, sua vinda ao mundo só era uma boa notícia para o ínfimo grupo que comemorou o acontecimento.

Porém, cinco anos depois, o pai de Michael mudaria o nome do filho, dando-lhe outro mais simbólico e religioso. Trinta anos depois, ele se tornaria um famoso líder religioso. Com seus quarenta anos de vida, o homem se transformaria numa força política de renome internacional. E acabaria sendo assassinado por causa da controvérsia que gerou e da política que representava. Cinquenta anos após sua passagem pela Terra, ele se tornaria um símbolo, o exemplo de pessoa virtuosa e de uma vida marcada pela coragem. Passados sessenta anos, ascenderia ao pedestal das personalidades mais veneradas da era moderna. Agora, seu legado supera de longe os de Cobb, Chaplin ou quaisquer outros investidores de Wall Street.

Obviamente, "Michael" foi rebatizado "Martin Luther": Martin Luther King Jr. Esse nome é que apareceria em manchetes, geraria controvérsias, atrairia manifestações de ódio extremado e paixões exacerbadas.

Talvez nos ajude a entender a questão pensar no impacto causado pelo Jesus histórico desta forma: nascido na obscuridade; rotulado e moldado às imposições do legado religioso; pessoa pública controversa; assassinado antes de alcançar o status de ser humano de qualidades transcendentais. Porém, o mais importante é considerarmos que tanto o legado de Jesus como o de King foram ampliados, transformados e idealizados em questão de décadas após suas mortes prematuras.

CONHEÇA ESTA PALAVRA: EXPIAÇÃO

Expiação é o estado de quem se acha reconciliado e perdoado pelos crimes e faltas cometidos. Na teologia, o termo designa uma reconciliação entre Deus e a humanidade.

Faço a comparação entre King e Jesus porque suas vidas, bem como o que se tornaram postumamente, parecem algo quase impossível. No entanto — por mais raro que, na verdade, isso possa ser —, às vezes, uma figura histórica personifica o inconcebível, o lendário. Por exemplo, Jesus é retratado por vezes como o cordeiro sacrificial (um animal tradicionalmente oferecido a

Deus para a expiação de pecados). Aqui, vemos Jesus transformado num símbolo zoomórfico tomado de um ritual judeu. É óbvio que esse tipo de representação não visa retratar Jesus, o homem. Retratado como um cordeiro, Jesus representa a expiação coletiva na imaginação cristã. Aliás, muitos têm sido os símbolos usados para representar Jesus: um cordeiro, um pastor, um rei, um peixe, uma fênix, um noivo, uma bisnaga de pão, um copo de vinho, um portão, uma videira, água benta etc.

Figura 1 *Cordeiro de Deus* (1635): Óleo sobre tela do artista espanhol Francisco de Zurbarán retratando um tema de simbolismo religioso. Em antigos sistemas de culto, o sacrifício de animais era praticado com frequência para apaziguar a ira dos deuses. Na religião israelita, esses sacrifícios deviam ser feitos com animais livres de qualquer mancha ou defeito. Em seu imaginário, com sua representação de Jesus na condição de cordeiro perfeito e imaculado, os cristãos associaram a morte de Jesus a um sacrifício e sua vida, à perfeição. Estilisticamente considerada, a obra reflete o realismo da escola de Caravaggio.

Se Jesus tivesse nascido nos Estados Unidos, em 1929, teria sido representado por outros símbolos. Basta considerar as muitas deturpações da imagem de Martin Luther King pelo prisma da política contemporânea: heroica vítima de perseguição, reformador, descontente, cristão virtuoso, símbolo favorito da resistência pacífica entre os americanos brancos, Moisés, mártir, consciência da América. Alguns desses símbolos distorcem enganosamente o legado desse homem. E nenhum deles sequer o representa de forma integral. Afinal, a história da transição do Michael para o MLK precisa explicar como uma criança nascida na Geórgia conseguiu inspirar tantas e tão diferentes mentes à sua volta.

Tal é o caso de Jesus.

É por isso que o clichê "Jesus histórico e o Cristo da fé" fracassa em seus objetivos. É tão insustentável quanto seria a pretensão de se estabelecer uma diferença entre o "Michael histórico" e o "MLK da fé". Aliás, a vida de Jesus ajudou a moldar aquilo em que o legado de MLK se transformaria. A pessoa com sério interesse em história acaba vendo-se diante de um enigma: como explicar a conexão entre o Jesus de fato e as múltiplas representações artístico-literárias dele como Cristo? Por outro lado, como poderíamos explicar as histórias que surgiram a par dos fatos?

Não há como negar que tanto Jesus como King se tornaram símbolos idealizados. Enquanto escrevo estas linhas, Martin Luther King é mais uma ideia do que um homem, cinquenta anos depois. Suas próprias dúvidas e seus escândalos são quase totalmente ofuscados pelo seu impacto social. Seus relacionamentos problemáticos com outros líderes religiosos afro-americanos foram quase todos esquecidos. A América branca que, na sua maioria, tinha uma imagem depreciativa dele, agora o aceita (no mínimo uma parte muito seletiva do seu legado). Aliás, tanto os de direita como os de esquerda o disputam como aliado nos tempos atuais. Igualmente, Jesus foi romanceado, tratado como celebridade, idealizado e pretendido por muitas ideologias logo nos cinquenta anos posteriores à sua crucificação.

Será possível, portanto, compor um quadro histórico dele e, ao mesmo tempo, explicar a razão desses legados exagerados? Creio que sim. O legado de King demonstra quanto a imagem de uma figura pública pode ser drasticamente ampliada em quase cinquenta anos. Tomando King como exemplo, podemos avaliar quem ele realmente foi e fazer uma análise crítica a esse respeito. Se agirmos com sinceridade e cuidado, poderemos analisar seu legado tal como ele se apresentou cinquenta anos depois e julgar nossos próprios pareceres. Estudiosos da vida de Jesus devem fazer algo semelhante com as representações dele que vemos nas celebrações cristãs. Sob muitos aspectos, os textos do Novo Testamento apresentam uma descrição de Jesus tal como ele passou a ser representado entre vinte e setenta anos depois da sua morte. Aliás, os evangelhos que nos fornecem a visão mais clara de Jesus se encontram, descritivamente falando, a uma distância de cerca de cinquenta anos do homem que ele era por ocasião da sua morte.

Uma diferença fundamental entre a cultura que tornou King uma celebridade e a que fez o mesmo com Jesus está no fato de que nosso mundo abraça indiscriminadamente a invenção de ideais seculares. As pessoas do mundo de Jesus eram mais propensas a perceber as coisas de uma forma que talvez rotulássemos de sobrenaturais. Desse modo, histórias importantes ficavam mais sujeitas a estarem revestidas por uma aura mitológica. *Portanto, será que as pessoas viram mesmo Jesus realizar milagres ou criaram mitos sobre a capacidade dele de operar tais prodígios?* A resposta é "sim" e "sim". Jesus era curandeiro e exorcista "profissional". Logo, seus seguidores tinham motivos de sobra para criar um mito em torno da sua personalidade. No caso de King, a coisa é totalmente diferente. Até porque os agentes por trás dos métodos modernos de criação de mitos são mais propensos a remover o caráter divino da história do que acrescentá-lo. Martin Luther King, criado por um pai que era pastor batista, foi batizado com o nome de um fundador de religião, frequentou o seminário, também se tornou pastor, foi profundamente influenciado por Gandhi e colaborou com seu amigo, o rabino Abraham Heschel. Mas agora, cinquenta anos após sua morte, raramente as instituições religiosas de King aparecem em descrições contemporâneas da sua vida. E, quanto mais suprimimos os elementos religiosos da história de King, menor se torna a possibilidade de conseguirmos descobrir quem ele realmente foi.

Tanto King como Jesus devem ser compreendidos na condição de homens que plantaram as sementes de um legado. A maioria dos legados contém indícios da personalidade da qual ele se origina. O estudioso de história cauteloso e honesto tem de explicar a realidade integral dos fatos: tanto o homem como o mito.

E agora chegamos ao cerne do problema: a menos que fôssemos impelidos pelo legado de Jesus, não nos importaríamos com ele na condição de um mero ser humano. Ou, em outras palavras, se Jesus tivesse sido apenas um homem como outro qualquer, não teríamos nos interessado por ele. O "Cristo da fé" sempre existirá em correlação com o "Jesus histórico".

AS INTERVENÇÕES DIVINAS

A primeira e mais importante coisa que precisamos saber a respeito de Jesus é que ele acreditava num Deus de ação. Jesus acreditava num Deus que criou o céu e a terra. Em breve, esse Deus julgaria os maus e faria justiça aos bons. Nesse aspecto, Jesus era diferente da maioria dos filósofos gregos, das elites intelectuais de Roma e das pessoas comuns em todo o Mediterrâneo. Isso significa que Jesus — um judeu do primeiro século — tinha uma compreensão de Deus diferente da visão da maior parte dos seus contemporâneos não judeus. Jesus era um judeu que se pautava pela tradição religiosa do Templo de Jerusalém e pelos costumes relacionados a esse Templo. Como judeu, Jesus foi forçado a enfrentar um ambiente em que predominavam a língua e a cultura gregas, e que tinha uma visão diferente dos deuses e da forma como eles se relacionavam com o mundo. O Deus de Jesus (a quem ele chamava "Pai") agiria em favor de Israel e de todos que buscassem praticar a pureza devocional no Templo de Jerusalém.

Jesus acreditava num Deus de ação.

Jesus, como figura histórica, não pode ser compreendido sem se levar em conta esse simples fato. Assim como muitos judeus durante esse período, Jesus acreditava que Deus passaria a governar a terra da mesma forma que o fazia com as estrelas. Dentro em pouco, o Deus das intervenções providenciais agiria em meio aos assuntos políticos da humanidade.

CONHEÇA ESTA PALAVRA: MEDITERRÂNEO

De forma geral, o termo "mediterrâneo" se refere ao Mar Mediterrâneo ou às terras, aos povos e às culturas das regiões circunvizinhas, incluindo o Norte da África, o Oeste da Ásia e o Sul da Europa. Jesus viveu toda a sua vida no mundo mediterrâneo do século 1, durante a ocupação romana.

Os seguidores de Jesus preservaram essa crença após sua morte. Eles se autodenominavam "o Caminho" e depois passaram a se autodenominar "cristãos". Mas o fio que liga Jesus àquilo que seus seguidores se tornaram foi a crença fundamental de que Deus age. Os seguidores de Jesus (embora suas crenças apresentassem diferenças entre si) firmavam-se na esperança de ver Deus agir por intermédio dele. Alguns continuaram a acreditar nisso após sua execução. Mesmo depois da morte de Jesus, eles continuaram a sentir a presença de Deus por intermédio do Mestre Nazareno e apregoavam a boa nova da sua ressureição. Por isso, a mensagem do "evangelho" (que significa, literalmente, "boa nova") dependia da crença de que, durante a morte de Jesus, Deus tomara providências divinas. Deus, que é, em primeiro lugar e acima de tudo, o Criador, realizou mais um ato de intervenção criadora para trazer o corpo de Jesus de volta à vida. Fator decisivo, essa divina façanha serviu como um sinal prenunciador das coisas que viriam.

A ação de Deus por intermédio de Jesus sinalizou mudanças cruciais na ordem cósmica. Os poderes políticos cairiam e surgiria um governo melhor. Os desvalidos e perseguidos seriam consolados e curados. A ordem das hierarquias sociais seria invertida. Todo aquele que quisesse orar na presença de Deus e com genuína pureza de intenções seria bem-vindo. A morte não era o fim.

Tais coisas eram semelhantes ao que Jesus pregava em público. Nas suas pregações, ele afirmava que seus seguidores tinham de "se arrepender e acreditar nas boas novas". De acordo com Jesus, "o reino de Deus estava próximo". Tratava-se de uma mensagem político-cósmica segundo a qual Deus seria rei em breve — um rei perfeitamente justo, que faria justiça e daria vida nova aos seus súditos. Mas essa boa nova assumiu uma nova forma assim que Jesus se tornou símbolo de ressurreição. Antes da sua morte, Jesus frisou que Deus era rei. Após sua morte, seus seguidores começaram a frisar que Jesus era o caminho para o reino de Deus. A crença fundamental de que Deus intervinha não mudara, mas fora distorcida pelo prisma da ressurreição de Jesus.

É aí que as coisas ficam um pouco complicadas do ponto de vista do historiador. Quando a ressurreição de Jesus se tornou parte das boas novas do reino de Deus?

Jesus acreditava no advento do reino de Deus — uma nova ordem mundial em que Deus governaria a terra tal como preside as coisas do céu. Ele fazia pregações a esse respeito. Contava histórias (parábolas) relacionadas à questão. Orava por isso. Mas será que achava que sua ressurreição representaria a principal intervenção de Deus?

A morte e a ascensão de um homem parecem um caminho surpreendente para uma nova ordem mundial. Talvez Jesus tivesse previsto sua execução, mas a ressurreição era algo de suma importância na sua ideologia? Essa pergunta é justificável porque Jesus não falava muito a respeito de ressurreição. Trata-se de uma questão que não tinha papel central (se é que, de fato, tem algum) nas suas pregações públicas. Sim, ele acreditava que Deus interviria. Mas sabia ele *como* Deus agiria?

Figura 2 *Cristo Ressuscitado* (cerca do ano 350): Nesta gravura, Cristo é representado por duas letras gregas, X (chi) e P (rho), em cima de um crucifixo. Essas são as duas primeiras letras da palavra grega que significa "Cristo". Os soldados romanos sentados resignadamente embaixo sugerem que o Cristo ressuscitado é mais poderoso do que o Império Romano. Como se não bastasse, Cristo se apossou simbolicamente do instrumento de execução de Roma.

Muitos historiadores argumentam que os primeiros cristãos fomentaram o símbolo da ressurreição somente depois que Jesus morreu (com base na experiência deles). Outros, contudo, propõem que as pregações originais de Jesus foram ofuscadas pela mensagem da ressurreição (por isso, não sabemos muita coisa sobre aquilo em que Jesus acreditava). Outros ainda aventam a possibilidade de que Jesus compreendia a importância da sua morte e ressurreição, mas não falava a respeito em público. Se tal era o caso, os cristãos, em vista das intervenções criadoras de Deus, tiveram de reconsiderar os ensinamentos de Jesus. Tal como acontece com todo sistema de crenças dependente de intervenção divina, acontecimentos passados são vistos pelas lentes das novas experiências.

Jesus e o Reino Espiritual

Práticas de exorcismo faziam parte da atuação pública de Jesus. Aliás, ele ficou tão famoso por isso que começaram a lhe atribuir títulos religiosos. E, quando as histórias a respeito das suas batalhas com demônios começaram a circular, esses títulos religiosos alcançaram dimensões apocalípticas. Assim, à medida que os boatos foram se espalhando, a fama de Jesus aumentou ainda mais.

CONHEÇA ESTA PALAVRA: COSMOLOGIA

Cosmologia é uma teoria sobre o mundo/universo que explica como ele surgiu e a natureza da realidade. Na conjuntura vivida por Jesus, a maioria dos intelectuais acreditava numa cosmologia que incluía a existência de deuses (e outros agentes divinos) e se caracterizava pela presença de uma espécie de mito da criação.

Jesus vivia em guerra contra espíritos imundos (também chamados demônios). Muitos contemporâneos de Jesus acreditavam que espíritos podiam subjugar e possuir adultos, crianças, casas e animais. Nessa cosmologia, espíritos imundos podiam provocar doenças e comportamento excêntrico nas pessoas.[*] Os judeus não foram o primeiro povo a acreditar em forças demoníacas. Porém, nos séculos imediatamente anteriores ao nascimento de Jesus, contadores de histórias judeus criaram mitologias explicando as origens de demônios e técnicas para exorcizá-los. Enquanto outros exorcistas se utilizavam de fetiches, ferramentas, sortilégios especiais, canções e outras formas de ritual com essa finalidade, aparentemente Jesus conseguia expulsar espíritos imundos somente com a autoridade da própria voz. Ele ficou famoso na Galileia pelo poder extraordinário que tinha sobre o reino demoníaco. Numa das histórias sobre Jesus, consta que um dos espectadores pergunta: "Que é isto? Que nova doutrina é esta? Pois com autoridade ele ordena aos espíritos imundos, e eles lhe obedecem!" (Marcos 1:27).

Trata-se de um poder que nos compele a fazer conjecturas teológicas. Alguns de seus seguidores acreditavam que a autoridade de Jesus sobre esses espíritos comprovava sua identidade espiritual. Em outras palavras, algumas pessoas estavam convictas de que a autoridade de Jesus sobre seres cósmicos revelava seu status espiritual no cosmos. Quando as histórias da vida de Jesus

---

[*] Não se sabe ao certo se o próprio Jesus acreditava que os demônios fossem a causa de todas as formas de doença.

eram contadas, não bastava atribuir categorias mundanas a ele. À medida que Jesus foi se tornando uma figura célebre, começou a ganhar títulos lendários. Eles o chamavam de "Filho de Davi", título tornado famoso pelo Rei Salomão. Este foi o filho de mais prestígio do Rei Davi. E a sabedoria que lhe fora divinamente concedida era lendária. Todavia, ao longo dos séculos, lendas sobre Salomão também haviam se multiplicado. Na época de Jesus, o Rei Salomão era assunto de relatos históricos. Muitos contemporâneos de Jesus viam Salomão como um rei com uma sabedoria não só natural, mas também sobrenatural. Salomão — nesses mitos — conhecia as técnicas certas para se livrar de demônios. Assim também, Jesus parecia igualmente dotado de sabedoria divina. Portanto, em razão disso, Jesus era como Salomão e suscitava lembranças dessa parte do legado do rei judeu.

"Trouxeram-lhe, então, um endemoniado cego e mudo; e de tal modo o curou, que o cego e mudo falava e via. E toda a multidão se admirava e dizia: Não é este o Filho de Davi?" (Mateus 12:22-3).

Figura 3 Bacia de sortilégios (cerca do século 6): Esta bacia de cerâmica com escritos em aramaico é de Nippur, Mesopotâmia. A imagem no centro representa um demônio. Artefatos como este eram usados por exorcistas para aprisionar espíritos malignos. Embora esta bacia tenha sido feita séculos depois da época de Jesus, exorcistas judeus do século 1 usavam sortilégios com finalidades parecidas — salmos para expulsar espíritos malignos foram encontrados nos Manuscritos do Mar Morto (cujas origens remontam ao século 1).

Outras histórias judaicas populares explicavam acontecimentos políticos, com seus criadores lançando mão de seres míticos, como grandes monstros, dragões e forças demoníacas. Provavelmente, a reputação de Jesus como alguém com poderes cósmicos inspirou a atribuição do título "Filho do Homem" — o ser cósmico mencionado pelo profeta Daniel. De acordo com a visão de Daniel, uma figura como o "Filho do Homem" tinha autoridade divina para subjugar os inimigos de Israel. À medida que essas histórias foram se espalhando, Jesus passou a ser chamado "Filho de Deus". Este é o título com maior força. Era de uma categoria mitológica, mas se amoldava a uma figura histórica. Com isso, esse casamento entre mito e história consolidaria a imagem de Jesus nas instituições da civilização ocidental.

Antes de Jesus, esse título mitológico foi adotado pelo Imperador Augusto (que alegava ser o filho adotivo do endeusado Júlio). Contudo, para se ter uma compreensão mais completa desse título e entender melhor a forma pela qual Jesus surgiu como figura cósmica, precisamos conhecer uma história famosa da época de Jesus. Eis um resumo:

Muito tempo atrás, quando o mundo era jovem, seres celestiais chamados "filhos de Deus" faziam sexo com mulheres. Os filhos dessa união híbrida eram enormes. Às vezes, os chamavam de gigantes; outras, Decaídos. Estes ensinaram a humanidade a fazer o mal, e espalharam caos e violência. Isso foi durante o tempo de Noé, e Deus não podia tolerar a disseminação do mal entre os humanos e por eles próprios. Deus, então, abriu as comportas do céu, e um grande dilúvio varreu todas as criaturas. Noé, sua família e muitos animais foram salvos para repovoar a Terra. Os gigantes malignos afundaram nas águas e morreram, mas as almas deles sobreviveram em formas incorpóreas. Hoje, muitos desses espíritos ainda vagueiam pela Terra na condição de demônios imundos.*

É bem provável que Jesus tenha tomado conhecimento dessa história quando contada ao redor de uma fogueira ou numa praça pública. É uma história que funciona de forma muito parecida com a da Caixa de Pandora.

---

* Esse mito é uma adaptação ampliada do Livro do Gênesis, 6:1-4. Narrativas maiores constam em 1 Enoque e no Livro dos Jubileus.

Essa história explica muitos dos problemas do mundo, incluindo as doenças, a corrupção e a imoralidade. Explica como Satã — o inimigo espiritual de Deus e de Israel — tinha tanto poder. Jesus acreditava que, para que a nova ordem mundial de Deus fosse um reino de pureza espiritual, os espíritos imundos precisariam ser expulsos.

A mistura de política com o reinado do espírito parecerá estranha do ponto de vista ocidental contemporâneo. Mas devemos considerar quanto é importante contar histórias para a construção de uma visão de mundo. Na minha vida, ouvi, li e assisti a centenas de histórias sobre injustiçados e desvalidos. São histórias de pessoas de baixa classe social que vêm ascendendo socialmente e agarrando uma oportunidade vantajosa muito acima das suas expectativas. Histórias de amor também estão por toda parte. Quantas delas contamos sobre pessoas se apaixonando e outras deixando de amar? Essas histórias não são divertimentos inofensivos; são narrativas com as quais avaliamos nossas próprias vidas, medimos nosso próprio valor e julgamos as virtudes dos outros. A cultura deixada por Jesus construiu uma espécie diferente de visão de mundo, incorporando histórias sobre anjos decaídos, a sabedoria de Salomão e a volta de Deus ao mundo como juiz.

JESUS COMO CURANDEIRO

Era comum na época de Jesus achar que doença resultava da interferência demoníaca. Isso não significa que demônios eram sempre associados a doenças, mas havia uma situação propícia para que Jesus ganhasse fama de curandeiro. Ele tinha fama de ser capaz de curar hemorragia e toda espécie de deformidade física, restituir a visão aos cegos e até ressuscitar pessoas. Por isso, seus famosos casos como curandeiro alcançaram o status de lendas. Entre seus contemporâneos, esse tipo de fama deve ter sido associado a feitos de natureza divina.

CONHEÇA ESTA PALAVRA: ESCRIBA

No ambiente cultural de Jesus, escribas eram especialistas em línguas e escrituras. Naquela época, mais de 95 por cento das pessoas eram analfabetas. Embora talvez conseguissem ler uma lista de compras ou escrever o próprio nome, textos sagrados ou epopeias estavam acima da capacidade de leitura ou compreensão da maioria. Desse modo, escribas eram árbitros do conhecimento. O fato de a pessoa ser membro da elite de escribas (como servo de um rei, de um sumo sacerdote ou de um filósofo) podia fazer com que ocupasse posições de grande influência na sociedade.

Veja este trecho de um escriba judeu chamado Ben Sirá, escrito algumas gerações anteriores à de Jesus:

> Honrem os médicos pelos serviços que prestam, pois foi o Senhor quem os criou, porquanto seu dom de curar vem do Altíssimo, e eles são recompensados pelo rei. A capacidade dos médicos os torna pessoas honradas, e pelos grandes são admirados. O Senhor criou os medicamentos com elementos da terra, e os sensatos não os desprezam… E Ele deu habilidades aos seres humanos para que pudesse ser honrado em Suas maravilhas. Com esses remédios, o médico cura e extingue a dor; o farmacêutico faz misturas com eles. As obras de Deus nunca cessam; e, por intermédio Dele, a saúde se estende por toda a terra (Sirácida 38:1-8).

Nessa narrativa, o dom de cura é associado ao poder de Deus. Ao mesmo tempo, o trabalho do curador é descrito com um teor naturalista: "medicamentos com elementos da terra". Essas duas questões podem parecer contraditórias para as mentes modernas. A produção de remédio não é, a rigor, diferente da obtida por intervenção divina. Ben Sirá diz mais em seus escritos: "Pode vir um tempo em que a recuperação da sua saúde estará nas mãos dos médicos, pois eles oram ao Senhor, pedindo que lhes conceda a graça de terem sucesso nos seus diagnósticos e nas suas curas, visando preservar a vida" (38:13-14). Os curadores do mundo antigo não costumavam ver suas atividades como uma esfera de ação diferente e dissociada das intervenções de Deus. Ainda assim, é provável que aquilo que Ben Sirá tinha em mente não passasse de simples curandeirismo.

Como eu disse, a fama de Jesus ganhou status de lenda. Uma diferença digna de nota em relação a outros curadores é que Jesus não usava raízes, ervas ou artefatos (como bacias de sortilégios ou fetiches). A técnica de

Jesus — tal como descrita em narrativas posteriores da sua vida — envolvia o poder da sua voz. Era como se ordenasse a cura por intermédio da palavra falada. Em algumas passagens do Evangelho de Marcos, vemos registros de Jesus proferindo palavras de cura em aramaico. Certa vez, Jesus disse: *Talita cumi*, que significa "Levanta-te, menina!" (Marcos 5:41). Disse também *Efatá*, ou seja, "Abre-te!" (Marcos 7:34). É também digno de menção o fato de que, para os leitores de Marcos falantes de grego, essas palavras podem ter parecido místicas e espirituais simplesmente porque eram exóticas. Em alguns casos, porém, Jesus tocava a pessoa ou usava a própria saliva ou a mesclava com terra para fazer uma mistura lamacenta. Talvez nisto possamos ver algo mais próximo daquilo que Ben Sirá chamou de "medicamentos da terra".

QUAL ERA A APARÊNCIA DE JESUS?

Representações de Jesus dos tempos medievais e modernos apresentam-no com aspectos muito variados. Mas a ideia costumeira é tão fácil de reconhecer que se tornou um ícone: cabelos longos, pele morena ou clara, barbado, trajado com túnica pesada de mangas largas e esvoaçantes. Mas qual era a aparência física do Jesus histórico?

O fato de não termos comentário algum sobre a descrição física de Jesus por parte de alguém que o conheceu nos dá a impressão de que não tinha nada de especial. Portanto, ainda que como forma de opinião abalizada, podemos propor com certa segurança que, quanto ao aspecto físico, era muito parecido com seus contemporâneos. Talvez isso invalide a icônica "aparência de Jesus" tornada popular por artistas ao longo dos séculos.

Provavelmente, Jesus era baixo e tinha cabelos encaracolados. A pele devia ter sido mais escura do que aquela que vemos na maior parte das representações artísticas dele, influenciadas pelos padrões europeus. Talvez Jesus nem mangas tivesse na sua túnica e ela não chegasse abaixo dos joelhos.* Veja a seguir essa observação que Jesus faz a respeito do seu contemporâneo João Batista:

---

* Para mais informações sobre esse assunto, ver Taylor, J. E., *What Did Jesus Look Like?* (Londres: T&T Clark, 2017).

"E, tendo-se retirado os mensageiros de João, Jesus começou a dizer às multidões a respeito de João: Que saístes a ver no deserto? Um caniço agitado pelo vento? Mas que saístes a ver? Um homem trajado de vestes luxuosas? Eis que aqueles que trajam roupas preciosas e vivem no luxo estão nos palácios reais" (Lucas 7:24-5).

É possível que Jesus se vestisse como os que "vivem no luxo", mas — considerando o que sabemos do seu estilo de vida e classe social — isto é muito improvável. A observação sobre as roupas de João nos revela, portanto, algo sobre suas próprias roupas: as icônicas e alvíssimas túnicas pesadas de mangas largas e esvoaçantes são, provavelmente, pura ficção.

Considere também este fato: a estatura média de um homem no mundo de Jesus era em torno de 1,68 m. É possível que Jesus fosse excepcionalmente alto, porém não temos sequer uma prova disto. Pense na questão da seguinte forma: Jesus poderia ter 1,63 m de altura, e ninguém jamais teria considerado isto algo incomum.

É impossível saber se usava barba ou não. Embora, de forma geral, artistas europeus o retratassem com uma barba espessa (ver minha abordagem à *Carta de Lêntulo*, pág. 131), em períodos posteriores, arqueólogos descobriram representações artísticas de um Jesus sem barba. Essas descrições podem remontar a nada menos que o século 4. É um estilo que parece em conformidade com o predominante no século 1. Aliás, o uso de navalhas para cuidados estéticos com o rosto é uma prática ancestral, entrando e saindo de moda no mundo antigo.

Grandes cuidados com os dentes é uma invenção moderna. É possível que, na época de Jesus, a higiene bucal envolvesse alguma espécie de haste ou palito rudimentar feito de improviso com um graveto. Deve ter sido também bastante comum o fato de pessoas de condição humilde serem banguelas. Embora muitas mentes modernas associem uma arcada completa, com dentes brancos e alinhados, ao requisito satisfatório da condição de normalidade social do indivíduo, isso não existia no mundo de Jesus.

Portanto, qual seria a melhor ideia sociológica que poderíamos ter da aparência de Jesus? Se hoje ele entrasse numa padaria, apareceria — aos nossos olhos — assim: baixo, moreno, com uma túnica curta e sem mangas, sem barba, desdentado. E, logicamente, se tivesse moedas suficientes no bolso para pagar um café com leite, faria o pedido em aramaico ou hebraico.

Figura 4 Mural de Jesus do século 4: Encontrado na Catacumba de Marcelino e Pedro, em Roma, ele representa Jesus curando uma mulher com hemorragia (Lucas 8). Muitas das primeiras representações artísticas de Jesus o retratam sem barba, tal como demonstrado aqui.

JESUS ERA JUDEU

A maioria das pessoas acha que Jesus foi o primeiro cristão. Afinal de contas, o nome "Cristo" se tornou título honorífico entre seus seguidores, e este título provém da palavra "cristão". Mas Jesus, o homem, jamais ouviu a palavra "cristão". É quase certo que ele não chamasse a si mesmo de cristão. A identidade de Jesus foi construída sobretudo com a cultura de Jerusalém, já que a influência da cidade se estendeu aos judeus da Galileia. Jesus não se tornou judeu. Ele sempre foi judeu e continuou judeu na mente dos primeiros devotos (que também eram judeus).

CONHEÇA ESTA PALAVRA: CRISTÃO

O título de cristão, de acordo com o Novo Testamento, foi empregado pela primeira vez por um grupo de Antioquia, na Síria. "E em Antioquia os discípulos, pela primeira vez, foram chamados cristãos" (Atos 11:26). A raiz da palavra é o termo hebraico *mashah*, vocábulo usado para designar unção religiosa. No pensamento judeu, um messias [*Mashiah*] era um líder ungido (reis, sacerdotes e profetas podiam ser ungidos). Muitos dos primeiros seguidores de Jesus acreditavam que ele era um messias. O título *Mashiah* foi traduzido para o grego como Christos, do qual deriva o título Cristo. Portanto, cristão é a pessoa devota ao Cristo (termo designativo do status messiânico de Jesus).

O judaísmo de Jesus é importante para entendermos o que ele achava de Deus e da própria missão. É importante também que não projetemos nossos modernos conceitos de nacionalidade, etnia e religião em Jesus. Ser judeu na época e local em que ele viveu significava seguir os costumes, o culto religioso e as práticas de Jerusalém. Jesus devia ter uma boa compreensão da própria vida, da sua importância e da natureza da sua missão dentro da órbita do Templo de Jerusalém. Nessa visão de mundo, o Templo de Jerusalém era diferente de qualquer outro templo. Era onde o céu e a terra se encontravam. Era o único lugar no planeta onde a gloriosa presença de Deus poderia ficar. Jesus acreditava que o reino de Deus seria fundado na terra e que Jerusalém seria a capital.

Figura 5 A Pedra de Magdala (cerca do século 1): Esta pedra decorativa ficava em exposição numa sinagoga (um ponto de encontro) em Migdal, nas cercanias do Mar da Galileia. Uma menorá (candelabro judaico de sete braços) se destaca na obra, simbolizando o Templo de Jerusalém (situado a quase 100 km ao sul). Esse símbolo dá a entender que os judeus que se reuniam ali eram observadores atentos das orientações religiosas do Templo e pautavam suas vidas por elas.

Havia várias maneiras com que os judeus podiam pautar suas vidas pelas tradições do Templo de Jerusalém. Alguns deles moravam e trabalhavam na Cidade Sagrada. Outros moravam a vida inteira em cidades estrangeiras — por exemplo, entre outros judeus no Norte da África —, mas continuavam com o olhar atento em Jerusalém, em busca de fomento do sentido de coletividade e da preservação das práticas étnico-sociais. Alguns judeus faziam peregrinação a Jerusalém para participar de cultos durante os festivais. Como judeu da Galileia, Jesus ficava perto o suficiente da cidade para viajar até o local de vez em quando. Mesmo assim, ele deve ter sido diferente, sob muitos aspectos, dos poderosos e dos cidadãos do *establishment* do Templo de Jerusalém. Próximo ao fim da vida, Jesus entrou em conflito com esses poderosos ricos. Mas o conflito não foi um ataque ao judaísmo; tanto Jesus como seus adversários eram profundamente comprometidos com o bem-estar da Cidade Sagrada e com as pessoas que viviam dentro da sua esfera de influência.

Os judeus — enquanto compartilhavam sua ligação com a Cidade Sagrada — formavam muitas seitas.* Alguns estavam apenas descontentes com os dirigentes de Jerusalém, pois Roma — uma força estrangeira e imperialista — tinha enorme influência na cidade. Outros chegaram a se mudar para o deserto e ansiavam pelo dia em que o Templo pudesse ser purificado, livrando-se da influência estrangeira. Havia os que depositavam suas esperanças no céu, onde uma réplica (purificada) do Templo de Jerusalém era frequentada por anjos. E outros ainda que se sentiam felizes com o *status quo* proporcionado pela influência romana. Imagino que muitos — ocupados com atividades agrícolas e o sustento da família — não se envolvessem em assuntos de governo ou emitissem opiniões sobre o assunto. É questão polêmica entre estudiosos a hipótese de *qual* desses tipos serve para melhor descrever Jesus.

---

* Evitarei definições simplistas sobre as várias "escolas de pensamento", como, por exemplo, a dos fariseus, saduceus, essênios. Embora tentativas de definir essas seitas com base em diferenças ideológicas sejam comuns nas introduções a respeito do período do Segundo Templo (que começa no final do século 6 a.C. e termina com a destruição do Templo, no ano 70), eu as considero falaciosas. Diferenças de mentalidade na cidade e/ou de orientação religiosa no Templo é uma forma mais precisa de se cogitar acerca das divergências nesses grupos. Na época de Jesus, os saduceus eram líderes influentes em Jerusalém. Era comum os fariseus se tornarem mestres religiosos de influência regional e amigos da população humilde. Os essênios (pelo menos uma pequena parte) criticavam o *establishment* do Templo. Alguns membros da seita de Qumran se consideravam a verdadeira classe sacerdotal. Não se deve considerar esses grupos denominações religiosas. Eles representam, na verdade, orientações distintas do Templo.

Mas isso não muda em nada o fato de que ele estava realmente adaptado à cultura de Jerusalém e que, portanto, era judeu. Ele não era judeu apenas de nascimento, mas também por conta da política, da religião e dos costumes do meio em que vivia.

JESUS E OS FARISEUS

Nos primeiros evangelhos, há um trecho relatando que Jesus mantinha conversas frequentes com os fariseus. Embora nem todos os diálogos sejam debates, a maior parte dessas conversas são discussões. Às vezes, muito acaloradas. Isso levou a um mal-entendido generalizado a respeito dos fariseus. Se procurarmos a palavra "pharisee" no Dictionary.com, obteremos duas definições:

1. Membro de uma seita judaica que floresceu entre os séculos 1 a.c. e 1 d.c. e que diferia dos saduceus, principalmente quanto à rigorosa observância de cerimônias e práticas religiosas, apego a leis orais e a tradições, bem como à crença na vida após a morte e ao advento de um messias.

2. (*em minúsculas/fig.*) pessoa santarrona, moralista ou hipócrita.

A primeira definição está quase correta. Se avaliada a questão segundo os critérios de influência política e status, os fariseus floresceram principalmente durante o reinado de Salomé Alexandra (rainha da Judeia, cerca do ano 70 a.c.). Depois que Salomé transferiu o trono para os filhos, os fariseus foram substituídos pelos saduceus na condição de poderosos de Jerusalém. Os saduceus eram especialistas na interpretação da lei judaica e na sua aplicação na vida dos judeus. A principal diferença entre os saduceus e os fariseus não era exatamente ideológica, mas política. Os saduceus tinham grande influência política em Jerusalém no tempo de Jesus. Os fariseus, por outro lado, eram mais ligados às pessoas comuns. Existem exemplos, tanto de saduceus como de fariseus, de que estes observavam rigorosamente as leis e tradições judaicas, mas não há razão para achar que essa estrita observância seria exclusiva de um grupo ou de outro. Deveríamos presumir que existiam alguns fariseus e saduceus que eram menos rigorosos a esse respeito.

CONHEÇA ESTA PALAVRA: RABINO

No tempo de Jesus, o termo rabino não era um título oficial, mas usado como forma respeitosa de tratamento no contato com pessoas célebres e educadas. O termo se origina da palavra hebraica *rav*, que significa "grande" ou "ilustre". Quando o sufixo *i* é acrescentado ao vocábulo, *rabbi* passa a significar, literalmente, "*meu* ilustre senhor". Em Marcos 10:51, um cego chama Jesus de *rabbouni*, que significa "meu mestre" em aramaico. Em períodos posteriores, o termo rabino passou a ser usado como título designativo de professores de direito e líderes comunitários oficialmente designados.

Chegamos agora à segunda definição. O Ocidente moderno e cristianizado usou com tanta frequência a definição antijudaica do termo que o vocábulo se tornou sinônimo de insulto. De modo geral, é verdade que os fariseus eram severos observadores da lei. Assim como Jesus. Tanto que, principalmente em Mateus, vemos o seguinte a respeito de Jesus: "Qualquer, pois, que violar um destes mandamentos, por menor que seja, e assim ensinar aos homens, será chamado o menor no reino dos céus; aquele, porém, que os cumprir e ensinar será chamado grande no reino dos céus" (Mateus 5:19).

É possível também que — às vezes — tanto Jesus como os fariseus tentassem resumir e simplificar as leis judaicas, com vistas a facilitar as coisas para seus ouvintes. Quanto a isso, consideremos um dos ensinamentos mais famosos de Jesus: "Portanto, tudo o que vós quereis que os homens vos façam, fazei-o também vós a eles; porque esta é a lei e os profetas" (Mateus 7:12). Esse ensinamento é costumeiramente chamado a "regra áurea".

Terá sido Jesus um inovador com a simplificação que fez do texto judaico, transformando-o num preceito ético/moral de observância, *ou inobservância*, geradora de consequências dependentes de uma única vida? Uma história de um texto judaico sagrado escrito depois da época de Jesus talvez forneça algumas pistas para a resposta. Embora tenha sido escrito centenas de anos após a vida de Jesus, o Talmude babilônico recorreu ao passado, evocando duas escolas farisaicas existentes pouco antes do nascimento de Jesus. Alguns fariseus seguiam os ensinamentos de um rabino chamado Shamai, enquanto outros eram discípulos de um rabino de nome Hilel.

Certa feita, um pagão se apresentou a Shamai e disse: "Quero que me torne um prosélito [ou seja, um convertido], mas desde que me ensine a Torá inteira enquanto me mantenho de pé, apoiado apenas numa das pernas." Diante disso, ele [Shamai] o repeliu com um côvado [uma vara, na verdade] de construtor que tinha numa das mãos. Quando o pagão foi procurar Hilel, o rabino disse a ele: "Não faças a outrem o que não queres que te façam. Esta é a essência da Torá. O resto são comentários. Vá e aprenda!" (Shabat 31a).

Essa história nos fala de dois rabinos rivais: Hilel e Shamai. A maior parte dos legados de Hilel e Shamai reflete as preocupações do judaísmo rabínico de um período posterior (em apoio a Hilel). Mas essa história pode nos dizer também algo a respeito da complexidade do pensamento farisaico do século 1, época de Jesus. Se esse é mesmo o caso, alguns rabinos estavam muito desejosos de resumir as instruções de Moisés (para os gentios) numa "regra áurea", ao passo que outros queriam preservar sua complexidade (tornando mais difícil para estrangeiros abraçar a lei judaica). Hilel conseguiu resumi-las e simplificá-las, dando, assim, um primeiro passo para a compreensão do estilo de vida judaico. Shamai ficou ofendido com a ideia de que era possível dar uma aula dessa envergadura a um aluno de pé, apoiado "numa perna". Por conta disso, presume-se que deve ser curta uma lição dada a um discípulo enquanto ele se equilibra numa das pernas. A questão que surge, então, é a seguinte: *Pode um gentio aprender o que é importante sobre o estilo de vida judaico numa aula simples e de curta duração?* A julgar por essa história, Hilel estava disposto a tentar mostrar que sim; Shamai, não (talvez também devamos ter em mente que a "vara de construtor" de Shamai pode ser uma metáfora para a aplicação rigorosa da lei em si).

Já mencionei uma regra áurea semelhante, de autoria atribuída a Jesus: "Portanto, tudo que você desejar que os outros lhe façam, faça a eles também." Essas regras áureas não são exatamente iguais, mas bem parecidas. Em suma, tanto Jesus como Hilel estavam procurando criar uma máxima simplificada. Poderíamos dizer que, nesse caso, Jesus parece ter mais coisas em comum com Hilel do que com Shamai. Essa comparação demonstra que Jesus dá a impressão de ser, pelo menos, um fariseu do século 1 e que havia, na época, várias maneiras de ser fariseu. Não devemos presumir que só porque vemos Jesus discutindo com certos fariseus nos evangelhos ele fosse totalmente diferente deles.

JESUS E OS ALIMENTOS

Uma das celebrações dos ensinamentos de Jesus mais disseminadas entre os cristãos é a instituição de uma ceia ritualística. Cristãos modernos costumam chamá-la de "A Última Ceia" ou "Santa Comunhão". Quando os primeiros cristãos comiam pão e tomavam vinho, lembravam-se do corpo supliciado e ensanguentado de Jesus. (Ver mais na seção *A Ceia de Jesus*, pág. 61.) Nisso, podemos observar uma metáfora do alimento espiritual. Os seguidores de Jesus acreditavam que o ato de consumir pão e vinho consagrados os colocava na presença de Deus.

Jesus também pressupunha que aqueles que seguissem seus ensinamentos repartiriam os alimentos entre si (Lucas 11:5-12). "E qual o pai dentre vós que, se o filho pedir pão, lhe dará uma pedra? Ou, se pedir peixe, lhe dará por peixe uma serpente? Ou, se pedir um ovo, lhe dará um escorpião?" Jesus partia do pressuposto de que até os mais imperfeitos membros do seu grupo providenciariam o sustento dos próprios filhos. Ele comparava isso à providência do seu "Pai" celestial, que fornecera aos filhos algo como um alimento espiritual. Mas Jesus nem sempre dava aos alimentos um sentido espiritual. Às vezes, ele estava simplesmente preocupado com a alimentação fisiológica daqueles a quem faltava o pão de cada dia. A esse respeito, veja o ensinamento a seguir:

> Quando, pois, vier o Filho do Homem na sua glória, e todos os anjos com ele, então se assentará no trono da sua glória [...] Então dirá o rei aos que estiverem à sua direita: "Vinde, benditos do meu Pai, possuí por herança o reino que vos está preparado desde a fundação do mundo; porque tive fome e me destes de comer; tive sede e me destes de beber; era forasteiro e me acolhestes; estava nu e me vestistes; adoeci e me visitastes; estava na prisão e fostes ver-me." Então os justos lhe perguntarão: "Senhor, quando te vimos com fome e te demos de comer? Ou com sede e te demos de beber? Quando te vimos forasteiro e te acolhemos? Ou nu e te vestimos? Quando te vimos enfermo, ou na prisão, e fomos visitar-te?" E responder-lhes-á o rei: "Em verdade vos digo que, sempre que o fizeste a um destes meus irmãos, a mim o fizestes." Então dirá também aos que estiverem à sua esquerda: "Apartai-vos de mim, malditos, para o fogo eterno preparado para o diabo e seus anjos, porque tive fome e não me destes de comer; tive sede e não me destes de beber; era forasteiro e não me acolhestes; estava nu e não me vestistes; enfermo e na prisão e não me visitastes." Então também estes perguntarão: "Senhor, quando te vimos com fome ou com sede

ou forasteiro ou nu ou enfermo ou na prisão e não te servimos?" Ao que lhes responderá: "Em verdade vos digo que, sempre que o deixaste de fazer a um destes pequeninos, deixastes de o fazer a mim." E irão eles para o castigo eterno, mas os justos para a vida eterna (Mateus 25:31-46).

Esse ensinamento parte do princípio da existência de uma expectativa de serem os seres humanos julgados por um Juiz Divino, algo comum no pensamento judaico. Nesse caso, Jesus propõe que o ato de agir corretamente para com o estrangeiro, o desnudo, o prisioneiro, o sedento e o faminto é um requisito para se conquistar a vida eterna. Por isso, repartir o pão material é uma necessidade tanto para o doador do alimento como para o receptor da dádiva.

CONHEÇA ESTA PALAVRA: ESCATOLOGIA

Escatologia é uma esperança, uma teoria ou uma doutrina sobre o destino último do homem e das coisas do mundo. A palavra provém do termo grego *eschatos*, que significa "último" ou "extremo". Dentro de um sistema teológico, escatologia se refere a crenças sobre os últimos dias da existência terrena. Mais especificamente, é o estudo do fim dos tempos e do universo tal como o conhecemos. Muitos estudiosos do Jesus histórico acham que Jesus estava preocupado com o fim do mundo e, portanto, era influenciado por uma forte crença escatológica. Os seguidores de Jesus alimentavam a esperança da sua "segunda vinda", a crença de que ele voltaria antes do fim dos tempos.

Existe outra razão para o fato de a questão dos alimentos ser importante para Jesus e seus discípulos. A ideia de um grande banquete era um símbolo importante na escatologia judaica. Muitos contemporâneos de Jesus acreditavam que, após o julgamento final, os justos festejariam o acontecimento com um banquete. O evento era visto como uma festa do fim dos tempos. É possível que Jesus e seus discípulos comungassem, ingerindo comida e vinho, como uma espécie de antegozo das coisas que estavam por vir.

Por fim, outro importante elemento relacionado à comida nos ensinamentos de Jesus tem a ver com as práticas de preservação da "pureza" no dia a dia da vida dos judeus. A esse respeito, veja a seção a seguir.

JESUS E A PUREZA

Muitos (talvez até todos) contemporâneos de Jesus que viviam segundo o sistema de vida judaico e seguiam suas práticas acreditavam que seu Deus era transcendental. Para eles, Deus se achava não apenas separado e acima da ordem criada, Deus era também sagrado e puro, de tal forma que isto o tornava totalmente diferente do mundo e dos seres humanos. Na história teológica da Criação, os elementos da terra são considerados bons. Mas só Deus é sagrado. Desse modo, vemos uma antiquíssima diferença de visão de mundo entre o que é *comum* e o que é *sagrado*. Nas tradições judaicas, para se preparar o neófito para o culto de um Deus sagrado, era necessário que ele praticasse rituais de purificação.

Infelizmente, os elementos comuns da Criação estão sujeitos a cair em estado de desordem e em eventual morte. A humanidade — embora essencialmente boa — é propensa à desordem e dominada pela morte. Muitos textos judaicos anteriores ao tempo de Jesus e da sua época abordam o problema da impureza espiritual. Esses problemas são, de acordo com as tradições judaicas, as consequências de viver a humanidade em um mundo sujeito à desordem e à morte. Falta de pureza porque ela é associada à morte, é uma força que se opõe à vida; é uma infecção que resulta em doença física, espiritual e moral.* Deus, por outro lado, é sagrado e puro.

No texto do Êxodo — a história que forneceu os alicerces da identidade coletiva de Israel —, consta que Deus é sagrado e que é perigoso para os seres humanos estarem na presença Dele. Aliás, inicialmente, somente Moisés teve permissão para ver Deus e, ainda assim, não conseguiu olhar diretamente para

---

* É importante estabelecer uma diferença entre impureza e pecado. Impureza religiosa era algo inevitável e, na maioria dos casos, nada tinha a ver com falhas humanas. Partos, doenças, contato com os mortos e fluidos orgânicos geravam impureza. A rigor, esses componentes da vida e da morte dos seres humanos não eram necessariamente pecaminosos, mas precisavam ser purificados por meio de rituais. Além do mais, esses rituais (como o batismo) não eram difíceis de realizar. Por outro lado, a impureza moral era associada a falhas humanas: por exemplo, a idolatria (Levítico 19:31; 20:1-3); tabus sexuais (Levítico 18:24-30); assassinato (Números 35:33-4). Basicamente falando, a maioria dos rituais praticados no sistema de vida judaico tinha relação com a preservação da vida e com a morte — ou, pelo menos, com os elementos que pareciam sumamente relacionados com a vida e a morte (p. ex., sangue, sêmen, menstruação, produção de alimentos). Quase toda a primeira parte do Levítico trata da purificação ritual no que se refere à adoração no Templo (lugar onde Deus reside na terra). Muito da segunda parte do Levítico trata de questões mais abrangentes relacionadas à pureza no dia a dia (algo que os estudiosos chamam de Código de Santidade).

a Sua face. Contudo, Deus proporcionou aos israelitas uma forma de participarem da Sua santidade revigorante. Durante o êxodo do Egito, Deus passou aos israelitas instruções para praticarem rituais de purificação. Isto foi feito pela primeira vez por Moisés, que seguiu instruções divinas para criar um espaço no qual o Deus transcendental habitasse a terra. O "Tabernáculo" — uma armação semelhante a uma tenda — funcionava como templo para esse povo nômade. Passou, então, a ser fundamental que os sacerdotes preparassem o povo para ter acesso ao espaço sagrado. Assim, eles instituíram certos rituais para limpar o povo das suas impurezas. A questão da purificação, portanto, é essencial para um encontro humano-divino.

O lugar santo foi criado para servir de templo. Na cultura israelita, os fiéis acreditavam que Deus estava presente no Templo de Jerusalém. Instruções para uma vida pura ajudaram a orientar o povo na Sua presença, no Templo de Deus. Atividades cotidianas, como alimentar-se, ter relações sexuais, praticar agricultura, prestar cuidados a estrangeiros etc., tornaram-se meios para se orientar o povo sobre a forma correta de se pôr diante da sagrada presença de Deus.

Na época de Jesus, quase todo judeu — quer morasse em Jerusalém, na Idumeia, na África ou em terras além — tinha algum tipo de ligação com o Templo de Jerusalém. Alguns enviavam dinheiro para a compra e o sacrifício de animais. Outros (tal como muitos galileus) iam a Jerusalém para participar de festivais religiosos e prestar culto no Templo. Alguns judeus conservavam imagens (esculpidas em pedra) de candelabros do Templo nas suas sinagogas, para se lembrarem da presença de Deus em Jerusalém. Outros judeus (como a elite dos saduceus) dominavam a política do Templo. Já outros ainda (como os de Qumran) se opunham ao *establishment* do Templo de Jerusalém.

Tudo indica que Jesus desenvolveu acentuado interesse pelo Templo de Jerusalém. Parece que ia até a cidade para prestar culto de vez em quando. Tinha firmes convicções sobre como eram usados os recursos financeiros do Templo. A maioria dos estudiosos argumenta que, embora tivesse grande reverência pela instituição do Templo, Jesus criticava os membros da elite do seu *establishment*. Nesse caso, ele devia interessar-se muito pelos rituais de purificação praticados pelos que viviam sob a influência do Templo.

Os batismos ritualísticos de "João Batista" são um exemplo da prática de purificação. E o batismo de Jesus por João demonstra a preocupação de Jesus com a questão da pureza. Aparentemente, Jesus travou discussões com alguns fariseus sobre a prática de vários rituais de purificação. Por exemplo:

E sucedeu passar ele [Jesus] num sábado pelas searas; e os seus discípulos, caminhando, começaram a colher espigas. Os fariseus lhe perguntaram: "Olha, por que eles estão fazendo no sábado o que não é lícito?" Respondeu-lhes Jesus: "Acaso nunca lestes o que fez Davi quando se viu em necessidade e teve fome, ele e seus companheiros? Entrou na casa de Deus, na época do sumo sacerdote Abiatar, e comeu dos pães da Proposição, dos quais não era lícito comer senão aos sacerdotes, e deu também aos companheiros" (Marcos 2:23-6).

A lógica de Jesus talvez pareça estranha, mas considere que rituais como o da observância de um dia sagrado de descanso e a ingestão de alimentos com rituais de purificação eram formas de manter fidelidade ao Templo. Jesus cita Davi, que não só era fiel ao Templo, mas também estava *dentro* do Templo. Além disto, Davi não só comia de maneira imprópria, como também ingeria alimentos oferendados a Deus na Sua presença. Com esse exemplo, Jesus apelou para uma brecha no ensino da lei judaica. Nesse caso, Jesus argumentou que seus discípulos não podiam ser culpados de violar as leis de purificação. Isto indica também que Jesus estava bastante informado acerca da questão da pureza. É bem possível que, em alguns casos, ele tivesse uma visão heterodoxa desses rituais, mas vivia muito preocupado com questões de pureza espiritual.

JESUS E O IMPÉRIO ROMANO

No século 1, os judeus viviam sob a opressão do Império Romano. Na Judeia, na Galileia e em todo o Mediterrâneo, viviam sob o domínio de Roma. Havia, porém, variadas e divergentes atitudes para com o Império. Muitos judeus prosseguiam com suas vidas dedicadas à agricultura, sem protestar. Alguns se retiraram para o deserto. Outros se beneficiavam da prosperidade e do domínio romanos por meio de alianças. Outros mais tentaram integrar-se totalmente à cultura romana. Já alguns criaram movimentos de resistência.

Provavelmente, Jesus teve experiências com a influência romana de várias formas. É bem certo que tenha presenciado a ascensão da arquitetura romana nas paisagens da Galileia. Sem dúvida, ficou sabendo que o Lago de Quinerete (também conhecido como Mar da Galileia) teve o nome alterado para Tiberíades, em homenagem ao imperador romano Tibério. As moedas que Jesus usava no mercado tinham a imagem de César. É provável também que tenha cruzado com soldados romanos nas estradas e no mercado público. Pouco antes do nascimento de Jesus, um grupo de galileus — tidos como agitadores — havia sido dominado com violência e sumariamente executado. Talvez Jesus tenha tomado conhecimento das histórias de coragem deles, ou quiçá de lamentações do seu destino trágico. Ainda que não tenha entrado em nenhum templo romano ou conversado com algum intelectual romano, impossível não notar a presença de Roma à sua volta.

CONHEÇA ESTA PALAVRA: EVANGELHO

Evangelho é uma palavra com muitas facetas. Significa, literalmente, "boas novas". Por exemplo: "Jesus veio para a Galileia proclamando as boas novas de Deus" (Marcos 1:14). Ou: "O Senhor me mandou para pregar boas novas aos mansos" (Isaías 61:1). Ela provém da palavra grega *euangelion* e pode designar qualquer tipo de mensagem auspiciosa. Mas o termo apresentava também uma conotação romana, imperialista. César Augusto (63 a.C.-14 d.C.) popularizou o termo em suas propagandas políticas. Nesse sentido, "evangelho" é um relatório de um avanço militar pelo Império Romano. É possível que Jesus tenha subvertido essa ideia quando anunciou que o reino de Deus avançava sobre a humanidade. Por causa do uso que Jesus fez do termo, as primeiras biografias dele (Mateus, Marcos, Lucas e João) foram chamadas de "evangelhos". Do século 2 ao 6, foram escritos muitos documentários sucintos (não necessariamente biografias) a respeito de Jesus. Essas obras são chamadas agora "Evangelhos Apócrifos".

O encontro mais direto de Jesus com as coisas de Roma aconteceu em Jerusalém. Como a cidade hebraica era o centro do poder social, fiscal e religioso de Israel, o Império se interessava pela política de Jerusalém. Por isso, Herodes (edomita de nascimento) havia sido mantido no poder na condição de intermediário *de facto* entre Roma e o povo da Judeia. Do ponto de vista político, Herodes foi um governante de sucesso. Para ampliar seu poder e seu legado, mandou expandir e fazer benfeitorias no Templo de Jerusalém. A grandiosidade da sua arquitetura ficou famosa em todo o Império. Contudo, muitos judeus viam Herodes como um fantoche da ocupação estrangeira e, portanto, uma fonte de influências corruptoras. Para os judeus, o Templo tinha por destino ser o lugar mais sagrado (e, portanto, o mais puro) da Terra. Mas muitos questionavam a interferência romana: *Se os saduceus, os sacerdotes e os herodianos eram fantoches do Império, qual era o grau de "pureza" do Templo de Jerusalém?* Independentemente da resposta que se der a essa pergunta, uma coisa era certa: o ponto de interseção mais óbvio entre o Império Romano e a vida dos judeus era o Templo de Jerusalém.

Quando Jesus se aproximava de Jerusalém, para ele a influência de Roma na cidade era algo inequívoco. Primeiro, porque o local mais sagrado da Terra era também um monumento em homenagem ao legado de Herodes. Segundo, porque, logo à direita das dependências do Templo, ficava a Fortaleza Antônia, uma torre militar romana na muralha oriental, construída de modo que fosse um pouco mais alta que o Santo dos Santos. Terceiro, porque a arquitetura evidenciava excesso de riqueza. É possível que isso fizesse Jesus ter sempre em mente que Roma vivia se apoderando de recursos do tesouro do Templo.

É famosa a predição que Jesus fez da destruição do Templo (Marcos 13:1-2; João 2:19). Chegaram a vê-lo também tombando mesas usadas por cambistas. A razão da manifestação de protesto público de Jesus nas dependências do Templo é alvo de muita controvérsia entre estudiosos. Mas estaremos no caminho certo se considerarmos a impureza causada pela ganância de Roma justamente no local destinado ao culto de Deus. O Evangelho de Marcos interpreta também o protesto de Jesus da seguinte forma:

> Chegaram, pois, a Jerusalém. E entrando ele no Templo, começou a expulsar os que ali vendiam e compravam; e derrubou as mesas dos cambistas e as cadeiras dos que vendiam pombas; e não consentia que ninguém atravessasse o Templo levando qualquer utensílio. Ensinava, dizendo-lhes: "Não está escrito: 'A minha casa será chamada casa de oração para todas as nações'? Vós, porém, a tendes feito covil de salteadores" (Marcos 11:15-17).

Essa atitude gerou terríveis consequências para Jesus. Por causa disso, foi preso e acabou sendo entregue às autoridades romanas. Pouco depois, em seus escritos, Marcos registrou a conversa com Pôncio Pilatos (governador romano da Judeia). Embora Marcos pareça isentar Pilatos de culpa (15:14-15), uma coisa é certa: Jesus acabou pregado numa cruz e sendo executado pelas mãos dos romanos.

JESUS ORA

Nas primeiras histórias sobre a vida de Jesus, ele é retratado como alguém que orava diretamente a Deus, como um filho que fala com o pai. Os narradores da vida de Jesus costumam mostrá-lo orando antes de episódios de intervenção divina. Por exemplo, orava antes de ouvir uma voz vinda do céu, antes de curar pessoas e antes de caminhar sobre as águas. Orava também antes e durante grandes acontecimentos na narrativa, como, por exemplo, o do seu batismo, o da "Última Ceia" (uma refeição ritualística com seus discípulos antes da sua morte) e o da sua crucificação.

Jesus é também retratado como uma pessoa que orava em particular com frequência. Em seu evangelho, Lucas relata que Jesus se afastou da multidão para ficar só: "Mas ele se retirava para os desertos, e ali orava" (5:16). Em vez de ir a um lugar de orações ou a um local público, parece que Jesus optava por espaços abertos e pela solidão. Talvez isto explique, em parte, por que seus discípulos tinham de pedir a ele que lhes ensinasse a orar. Não haviam presenciado muitas preces feitas pelo Mestre, e provavelmente Jesus orava de uma forma incomum. "Estava Jesus em certo lugar orando e, quando acabou, disse-lhe um dos seus discípulos: 'Senhor, ensina-nos a orar, como também João ensinou aos seus discípulos'" (Lucas 11:1). Aparentemente, João Batista havia passado aos seus discípulos instruções sobre a forma de orar corretamente, mas Jesus, não.

No Evangelho de Mateus, Jesus ensina a seus discípulos a não orar em público. Ele alega que "hipócritas" oram "para serem vistos pelos outros" (Mateus 6:5). Este ensinamento contribui para um retrato de Jesus como alguém que prefere orar em particular. É possível também que a narrativa tenda a distanciar Jesus de outros líderes judeus, já que esse é um tema de grande importância no Evangelho de Mateus. Embora não devamos imaginar muita diferença entre Jesus e outros líderes judeus, talvez seu método de orar necessite de explicação, simplesmente por parecer diferente.

Uma das orações de Jesus feitas em recolhimento é retratada em Marcos 14:

Então chegaram a um lugar chamado Getsêmani, e disse Jesus a seus discípulos: "Sentai-vos aqui, enquanto eu oro." E levou consigo Pedro, Tiago e João, e começou a ficar aflito e a angustiar-se; e disse-lhes: "Estou profundamente triste até a morte; ficai aqui e vigiai." E afastando-se um pouco, prostrou-se na terra; e orou para que, se possível fosse, passasse dele aquela hora. E dizia: "Aba, Pai, tudo te é possível; afasta de mim este cálice; todavia, não seja o que eu quero, mas o que tu queres."

Nessa parte da história, Jesus tem consciência da sua morte iminente e quer, mais uma vez, orar a sós. Trata-se de uma história sobre o fato de que os discípulos não conseguem ficar acordados para orar ou manter-se vigilantes. Mas essa passagem revela também alguns detalhes sobre o hábito de Jesus de orar em recolhimento. Ele chama Deus de "aba", que significa "pai". Jesus compara sua iminente execução a "este cálice" e roga uma alternativa. Ele acredita ser possível que seu "Pai" o salve da humilhação pública e da execução. Essa oração indica também que a rogativa de Jesus não é atendida; Deus não o salva. A história informa ainda que Jesus repetiu a prece três vezes. Logo depois disso, foi preso. Quando Jesus orou pregado na cruz, ele clamou: "Deus meu, Deus meu, por que me desamparaste?" (Marcos 15:34).

Depois de ler os evangelhos, pode-se ficar com a impressão de que Jesus tem uma ligação extremamente íntima com seu Pai celestial. Tanto que a voz do céu diz: "Tu és meu Filho amado; em ti me comprazo" (Marcos 1:11). A vida em oração de Jesus talvez reforce essa intimidade. Se essas narrativas visam realmente transmitir tal ideia, ela atinge culminância negativa na crucificação, pois, ao contrário do esperado, as preces de Jesus não foram atendidas.

POR QUE OS ROMANOS MATARAM JESUS?

Uma ideia sobre Jesus muito difundida nos tempos modernos é que ele era um mestre espiritual e preconizador do amor fraterno. Isto pode ser verdadeiro em parte. Jesus era um pregador e, sem dúvida, reforçou as tradições judaicas dizendo: "Amarás ao Senhor teu Deus de todo o teu coração, de toda a tua alma e de todo o teu entendimento. Este é o grande e primeiro mandamento. E o segundo, semelhante a esse, é: Amarás ao teu próximo como a ti mesmo" (Mateus 22:37-9). Portanto, é real que Jesus repassava ensinamentos sobre a questão do amor. Mas essa não é sua mensagem na íntegra. Somente o fato de ter apregoado o amor não explica a razão para ter sido executado.

Roma não executava pessoas por conversarem sobre amor. Embora seja verdade que Jesus conversasse, às vezes, sobre amor, os evangelhos demonstram também que ele era um homem combativo, dado a polêmicas. Além disto, vivia discutindo com pessoas de elevada condição social. Mesmo assim, Jesus não costumava discutir com os romanos. Então, por que os romanos o crucificaram?

Estudiosos de gerações anteriores diziam que a crucificação existia para os escravos ou, ao contrário, que esse tipo de execução era reservado aos insurgentes. Mas essas breves explicações não solucionam a questão. Seria mais exato dizer que a crucificação (ou seja, pregar a pessoa numa estaca ou cruz e exibi-la em público) era uma forma de humilhar quem se havia "posto acima" da sua condição social. Existia, portanto, um pressuposto de hierarquia social. Se alguém de baixa condição social exaltasse a si próprio, a crucificação funcionava como uma paródia grotesca dessa exaltação de si mesmo.

CONHEÇA ESTA PALAVRA: IRONIA

Ironia é um modo de expressão com que se transmite uma ideia dizendo-se o oposto do que se está pensando ou sentindo. Em sua forma verbal, uma expressão irônica transmite o contrário do significado literal das palavras usadas. Muitas vezes, na ironia dramatúrgica, o diálogo usado numa história é compreendido pelo público, mas os personagens dentro da história não conseguem perceber o espírito da coisa. Temos um exemplo de ironia dramatúrgica em João 12:32, no qual Jesus afirma: "E eu, quando for levantado da terra, todos atrairei a mim." Em seu sentido literal, as palavras desse enunciado falam de ascensão, mas o narrador explica que Jesus estava falando sobre a forma pela qual ele morreria.

Escravos que assassinavam seus senhores podiam ser crucificados. Pessoas comuns que demonstrassem falta de respeito para com um César podiam ser crucificadas também. Portanto, revoltas ostensivas contra o governo imperial podiam logicamente resultar em uma ou várias crucificações. Aliás, se um líder de insurgentes acabasse pregado numa cruz, ele ficaria, ironicamente, numa posição elevada. Era quase como se as autoridades romanas quisessem dizer com sarcasmo: "Acha que fez de si mesmo um grande rei? Então, permita que o elevemos ao trono." Em suma, era uma forma de zombar das pessoas de condição inferior que ambicionavam ascender socialmente.

Com isso em mente, observe a placa posta em cima da cruz de Jesus: "REI DOS JUDEUS." Esta mensagem, visando zombar de Jesus, nos revela, pelo menos, duas coisas importantes sobre ele. A primeira delas é que Jesus era visto por alguns como uma pessoa que tinha aspirações à realeza. A segunda consiste no fato de que a crucificação de Jesus foi uma irônica demonstração do seu fracasso, já que ele foi "exaltado" e, ao mesmo tempo, "rebaixado". Pelo menos, algumas autoridades romanas acreditavam que Jesus se colocara indevidamente acima da sua posição social, o que, portanto, justificava a crucificação.

É muito provável que Jesus tenha sido zombeteiramente chamado de "REI DOS JUDEUS", pois era conhecido como alguém que apregoava a vinda do reino de Deus. Ainda que incompreendido, Jesus realmente parecia que "trazia o rei na barriga" com seu discurso carregado de teor político. Se o rei de Israel divinamente patrocinado estava logo ali na esquina — e era esta ideia que os discípulos de Jesus faziam dele nas suas prédicas —, isto talvez tenha soado como uma ameaça aos ouvidos romanos.

JESUS ERA UM MESSIAS?

A palavra "messias" vem da ideia de unção. É importante conhecer a tradição judaica que dá sentido a esse conceito. Uma boa maneira de começar a entendê-la é com o Rei Davi. A história da unção de Davi (um ritual usado, às vezes, como coroação real) está presente em 1 Samuel da Bíblia hebraica. Em 1 Samuel 16:13, temos: "Então Samuel tomou o vaso de azeite e o ungiu no meio de seus irmãos; e, daquele dia em diante, o Espírito do Senhor se apoderou de Davi."

O legado de Davi foi marcado pelas intervenções de Deus por seu intermédio e (às vezes) por ações divinas contra ele mesmo, Davi. Com o tempo, os israelitas começaram a acreditar que o reinado de Davi duraria para sempre. Esta crença se transformou na ideia de um futuro "messias", sobre o qual pesava a expectativa de que restaurasse o reino de Israel e a forma de culto a um Estado ideal. A palavra "messias" significa, literalmente, "o ungido" e é traduzida para o grego como *christos*. Eis, pois, a origem do título de Jesus "Cristo".

Existe uma crença (popularizada por gerações de estudiosos anteriores) de que os judeus do século 1 davam como certo que o Messias seria um conquistador como Davi. Mas esta crença é simplista, exagerada ou simplesmente falsa. É possível que alguns judeus tivessem ficado na expectativa do surgimento de uma figura militar. Mas não sabemos ao certo que tipo de guerra era esperado. Seria, literalmente falando, uma guerra contra Roma? Seria uma guerra celestial travada contra espíritos? Ou talvez uma combinação de ambas? Seria o Deus de Israel — como guerreiro divino — capaz de derrotar os inimigos de Israel? Ou o Messias faria isso, como emissário de Deus? Também não se sabe ao certo o quanto dessa espécie de messianismo militante estava disseminada. Outros judeus do século 1 (por exemplo, aqueles que coligiram e editaram os Manuscritos do Mar Morto) anteviam a vinda de vários messias. Um deles seria um messias sacerdotal. É possível também que alguns se mantivessem na expectativa do advento de um profeta ungido. Nesse caso, havia a esperança da vinda de três figuras messiânicas: uma delas era um rei; a outra, um sacerdote; e a terceira, um profeta.

Mas como Jesus se encaixa nessa ideologia? Jesus, aliás, fala com frequência no "reino (ou governo) de Deus". Ele chama a si mesmo também de o "filho do homem". Talvez o filho do homem fosse uma referência à personalidade celestial, na tradição profética dos hebreus (Daniel 7), que receberia — imitando o Rei Davi — um "reinado eterno". É possível, portanto, que Jesus visse a si mesmo como um messias. De qualquer forma, os discípulos tiveram de repensar a condição de messias de Jesus depois que ele foi crucificado, pois não havia expectativa de que isso fosse acontecer. A ideia do "Cristo crucificado" tornou-se um mantra para os seguidores de Jesus, algo que tornou a versão deles de messianismo diferente da versão de outros judeus do século 1.

JESUS E O FIM DOS TEMPOS

Jesus não só acreditava num Deus de intervenções, não apenas achava que o Deus de Israel julgaria as nações; ele tinha também uma mentalidade de "fim do mundo". Alguns talvez qualifiquem isto de "apocalíptico", mas nossa ideia moderna de apocalipse é diferente daquilo que os judeus do século 1 deviam achar desse tipo de coisa. (No contexto religioso estabelecido por Jesus, "apocalipse" era revelação de certo aspecto de uma realidade celestial.) Estudiosos usam, às vezes, a palavra "escatologia", que significa tratado ou doutrina do destino final do homem e do mundo. Parece que Jesus apregoava uma escatologia que incluía uma nova ordem mundial, tendo Deus como rei.

Na primeira geração após a morte de Jesus, seus seguidores tiveram sentimentos conflitantes quanto ao que fazer em relação à visão escatológica do

Mestre. Vemos evidências de tal conflito nas diferentes visões retratadas nos escritos do Novo Testamento. Alguns desses escritos dão a entender que Jesus ascendeu aos céus e retornaria em breve (antes que a primeira geração de discípulos morresse). Alguns desses escritos indicam a existência de uma preocupação geral com o fato de Jesus não haver retornado tão cedo quanto esperado. Portanto, está claro que algum tipo de julgamento escatológico era aguardado, tanto por Jesus como pelos autores do Novo Testamento. Detalhes desse acontecimento divino, porém, variam de um texto para outro.

CONHEÇA ESTA PALAVRA: ANJO

Anjos são entidades que aparecem em momentos importantes no Novo Testamento para transmitir mensagens do céu. A palavra grega *angelos* pode se referir a mensageiros humanos (como João Batista) ou a mensageiros divinos (como Gabriel). Anjo, nesse contexto, é um ente enviado por Deus com essa função. Em seu sentido tradicional europeu, a palavra acentua as qualidades celestiais dos anjos. *Angele*, termo do francês antigo, e *angelus*, do latim, têm o sentido de ser celestial que serve a Deus.

Esse fato cria um problema para historiadores que gostariam de estabelecer uma diferença entre o ensinamento do Jesus histórico sobre a questão e aquilo que a Igreja primitiva ensinou depois que Jesus morreu. *Como podemos distinguir o que Jesus disse daquilo que seus seguidores disseram a seu respeito?* Veja, por exemplo, a seguinte passagem (tenha em mente que Jesus diz ser o "Filho do Homem" nos evangelhos). No texto, Jesus está falando a respeito dos sinais do julgamento final:

E estando ele sentado no Monte das Oliveiras, chegaram-se a ele os seus discípulos em particular, dizendo: "Conte-nos quando serão essas coisas, e que sinal haverá da tua vinda e do fim do mundo." Respondeu-lhes Jesus: "Acautelai-vos, que ninguém vos engane. Porque muitos virão em meu nome, dizendo: 'Eu sou o Messias!'; a muitos enganarão. E ouvireis falar de guerras e rumores de guerras; cuidai para que não vos perturbeis; porque forçoso é que assim aconteça; mas ainda não é o fim" (Mateus 24:3-6).

Existem vários fatores nesse trecho que levam estudiosos a acreditar que isso foi inventado pela Igreja primitiva e que se atribuiu a autoria a Jesus — ou seja, Jesus nunca teria dito essas palavras. Fazem parte dessa crença: (a) Jesus parece ver em si mesmo uma pessoa com atributos régios e quase divinos; (b) esses ensinamentos parecem relevantes para um cristianismo nascente sofrendo perseguições; (c) pessoas pobres, famintas, presas, desnudas e estrangeiras são representantes de Jesus nessa passagem. Isso parece insinuar que o próprio Jesus, em carne e osso, não está mais lá para dispensar cuidados. Por outro lado, existem algumas características dessa passagem que parecem vir do caráter do Jesus histórico; (x) Jesus provavelmente se dizia o "Filho do Homem" e chamava Deus de "Pai"; (y) é provável que Jesus ensinasse seus discípulos a cuidar dos necessitados; (z) talvez Jesus acreditasse na existência do Diabo e tenha predito sua derrota definitiva.

Mais adiante, na mesma passagem, Jesus diz:

> Logo depois da tribulação daqueles dias, escurecerá o sol, e a lua não dará a sua luz; as estrelas cairão do céu e os poderes dos céus serão abalados. Então aparecerá no céu o sinal do Filho do Homem, e todas as tribos da terra se lamentarão, e verão vir o Filho do Homem sobre as nuvens do céu, com poder e grande glória. E ele enviará os seus anjos com grande clamor de trombeta, os quais lhe ajuntarão os escolhidos desde os quatro ventos, de uma à outra extremidade dos céus (Mateus 24:29-31).

Portanto, essa passagem reflete as opiniões de Jesus sobre "os últimos dias" ou as crenças da Igreja primitiva? Ou será que temos aqui uma combinação de ambas as coisas? Talvez uma resposta do tipo "ambas/e" seja válida. Provavelmente, Jesus ensinou algo assim, sendo, depois, adaptado a uma linguagem que fazia sentido para a Igreja primitiva?

Em Mateus 24, Jesus demonstra que não tem certeza de *quando* esses sinais de fim de mundo aconteceriam. Ele diz: "Daquele dia e hora, porém, ninguém sabe, nem os anjos do céu, nem o Filho, senão só o Pai" (Mateus 24:36). No fundo, Jesus não tinha como responder à pergunta dos discípulos acerca de quando essas coisas aconteceriam. É possível que a Igreja primitiva tenha inventado tais palavras, atribuindo-as a Jesus porque seus próprios seguidores não sabiam como responder à pergunta. Por outro lado, talvez tenhamos aqui uma brecha através da qual podemos perceber as embaraçosas limitações de Jesus. Ele acreditava nas intervenções divinas, mas era incapaz de prever quando Deus agiria.

Conclusão

Para entender Jesus como figura histórica, temos de reconhecer que ele estava preocupado com aquilo que agora chamamos sobrenatural. Mentes modernas tendem a separar assuntos sobre religião de questões sobre política, ciência e história. Mas Jesus — juntamente com muitos dos seus contemporâneos — interpretava a própria vida, sua nação, os acontecimentos mundiais e o futuro por um prisma teológico.

Se alguém fizesse uma pergunta a ele sobre impostos romanos, talvez ele encaminhasse a conversa para a questão daquilo que pertence a Deus. Se uma pessoa lhe fizesse uma pergunta sobre doença, provavelmente ele conduziria a conversa para a questão da natureza do pecado. Se outra mais lhe pedisse para falar da autoridade, ele poderia passar a falar de demonologia.

O mesmo pode ser dito em relação à maioria dos primeiros seguidores de Jesus. Eles viam Jesus (cada um a seu modo) como curandeiro, messias, profeta, o Filho de Deus, juiz celeste etc. Portanto, embora não possa haver dúvida de que o legado de Jesus foi moldado por temas teológicos, podemos ver que Jesus mesmo contribuiu para a modelagem da sua própria história.

Cinco livros sobre Jesus e seu ambiente histórico

Bond, H. K. *The Historical Jesus: A Guide for the Perplexed* (Londres: T&T Clark, 2012).

Keith, C. *Jesus Against the Scribal Elite* (Grand Rapids: Baker Academic, 2014).

Levine, A.-J. *Short Stories by Jesus: The Enigmatic Parables of a Controversial Rabbi* (Nova York: HarperOne, 2015).

Sanders, E. P. *The Historical Figure of Jesus* (Londres: Penguin, 1994).

Schröter, J. *Jesus of Nazareth: Jew from Galilee, Savior of the World*, trad. para o inglês por Wayne Coppins e S. Brian Pounds (Waco: Baylor University Press, 2014).

 # CAPÍTULO DOIS

JESUS NA LITERATURA DO CRISTIANISMO PRIMITIVO

"A autoimagem é apenas uma compreensão parcial de nós mesmos e, embora o transcurso do tempo torne vagas as nossas lembranças, ela também pode revelar importância... O Nazareno nunca levou uma vida reclusa, jamais viveu encerrado no seu próprio mundo. Estava sempre em contato com outras pessoas, e a visão que tinham dele deve fazer parte da sua identidade, tal como deve ser o caso também da influência e da importância que ele passou a ter após a Ressurreição."

Dale C. Allison Jr.

INTRODUÇÃO: FORMATANDO A CELEBRIDADE

Inicio esta seção pedindo que você use a imaginação. Gostaria que se colocasse no lugar das pessoas de uma segunda geração (ainda no século 1) dos seguidores de Jesus. O pequeno texto a seguir é apenas hipotético, mas talvez sirva para demonstrar o modo pelo qual a imagem de Jesus se formou na literatura do cristianismo primitivo.

Imagine que você seja um cristão vivendo em Roma cerca de quarenta anos depois da crucificação de Jesus. Suponha que você frequente uma igreja perto do mercado público. O pequeno grupo de fiéis se reúne pouco antes do nascer do sol. Eles cantam hinos de louvor. Manifestam sua fé. E você repete o credo com eles:

Cristo, nascido da descendência de Davi, segundo a carne;
Cristo, declarado Filho de Deus, segundo o espírito.*

---

* Aqui, estou parafraseando Romanos 1:3-4. Muitos estudiosos acreditam que essa passagem representa uma profissão de fé dos cristãos primitivos. Tratarei desse trecho mais detalhadamente páginas adiante.

Na sua vida de oração, você experienciou o Senhor Jesus Cristo. Sua vida inteira foi reorientada em torno da presença espiritual do Mestre. Mas, ao contrário dos anciãos da sua igreja, você nunca teve um contato pessoal com Jesus. Seu pai, sim. Certa feita, ele ouviu Jesus orar em Cafarnaum. E ficou devastado com a morte de Cristo, passando a acreditar — assim como toda a sua família — que Cristo havia ressuscitado. Agora, seu pai morreu. Aliás, a maior parte da geração que conheceu Jesus pessoalmente já faleceu. Com a extinção dessa geração, você se sente ainda mais distante de Jesus.

Nesse cenário, imaginamos o que provavelmente era comum entre os cristãos da segunda geração: pequenas reuniões, alguns hinos, muita confiança nas convicções da primeira geração. Podemos presumir que, a essa altura da existência do cristianismo primitivo, não havia nenhum registro escrito (ou talvez houvesse bem poucos) narrando a vida de Jesus. Não existia nenhum "Novo Testamento" para servir de fonte de referência confiável. Uma igreja como a descrita aqui pode até ter tido uma carta escrita por Paulo (ou por algum outro líder religioso), mas pouquíssimas pessoas poderiam narrar toda a história de Jesus com base em experiência pessoal. Portanto, a maioria das igrejas confiava nas lembranças idiossincráticas da primeira geração.

"Eu vi Jesus pregar em Cafarnaum."

"Eu o vi expulsar um espírito imundo."

"Minha mãe o ajudava com alimentos e abrigo. Ela doava dinheiro ao seu grupo."

"Eu visitei o túmulo. Como era de esperar, estava vazio."

Cada fiel levava consigo a sua própria história. O que ninguém tinha, porém, era um quadro completo da questão: uma história unificada e coerente. Mas o pior é que alguns relatos eram contraditórios.

"Eu o ouvi dizer: 'Se você não é comigo, é contra mim.'"

"Não! Eu estava com Jesus quando ele disse: 'Se você não é contra mim, você está comigo!'"*

Tais controvérsias podiam ser sanadas por um ancião. Os líderes com mais autoridade no assunto eram os que haviam tido algum tipo de ligação pessoal com Jesus. Mas o que aconteceu quando esses anciãos começaram a

---

* Aqui, estou parafraseando dois versos. Marcos 9:40: "Jesus, porém, respondeu: 'Pois quem não é contra nós, é por nós.'"; Lucas 11:23: (Jesus disse) "Quem não é comigo, é contra mim; e quem comigo não ajunta, espalha."

ter problemas de memória? E quando começaram a morrer? Ou o que ocorria quando uma dessas igrejas havia sido erguida por uma testemunha ocular das prédicas de Cristo, mas seu fundador acabara se transferindo para outra cidade?

Isso deve ter causado uma série de problemas para as igrejas da segunda geração. Quem contaria as histórias de Jesus? Quem solucionaria as controvérsias? Como saber se um novo ensinamento era compatível com os ensinamentos de Jesus? Como se sentir ligado a Jesus, já que a primeira geração se fora?

Agora imagine que um artista, um ator, estivesse na cidade encenando um espetáculo chamado "As Boas Novas". Trata-se de uma representação dramática da vida pública de Jesus, da sua execução injusta e da sua ressurreição. E o artista afirmasse que a sua história tivera a aprovação do apóstolo Pedro. Se Pedro — sendo a maior autoridade no assunto — aprovara o espetáculo, essa história permitiria que a segunda geração tivesse uma nova e íntima experiência com Jesus.

Deve ter sido assim que foi composta uma narrativa mais curta, como a do Evangelho de Marcos. Talvez um escriba tenha sido contratado para registrar tal apresentação a serviço de uma igreja. E, com ela registrada, podemos imaginar que uma história completa como essa exerça profunda influência numa igreja como a descrita anteriormente. Embora a maioria dos membros da igreja não fosse capaz de ler o texto, podia memorizar trechos dele.* Documentos oficiais eram suficientes para acabar com controvérsias. Mas o fator mais importante era que o documento material (na forma de papiro ou de pergaminho) funcionava como a voz da primeira geração; era uma forma de ligação concreta com Jesus.

Estas linhas são apenas uma conjectura fundamentada na maneira pela qual as primeiras narrativas da vida de Jesus foram registradas por escrito e divulgadas. Mas, qualquer que seja o caso, sabemos que várias histórias sobre Jesus se fundiram na forma de "evangelhos" na segunda geração.

O termo "evangelho" provém de uma palavra menos formal que significa "boas novas". Por exemplo, poderíamos traduzir o título dado à história coligida por Marcos deste jeito:

"O começo das *boas novas* de Jesus Cristo, o Filho de Deus."

Ou:

"O começo do *evangelho* de Jesus Cristo, o Filho de Deus."

---

* No século 1, a maioria das pessoas era analfabeta ou apenas capaz de ler e escrever algumas palavras.

Usado assim, um evangelho é uma declaração de boas novas. Se prosseguirmos na leitura de Marcos, veremos novamente a palavra: "Veio Jesus para a Galileia pregando as boas novas de Deus." (Observe que Marcos assinala que Jesus é o "Filho de Deus" e que se reporta diretamente a "Deus".) Com o tempo, a palavra evangelho passou a significar, de modo generalizado, qualquer obra sobre Jesus. Mas, nesse estágio inicial — pelo menos apenas aparentemente —, evangelhos assumiram a forma de biografias.

Isso faz pressupor que, de certo modo, a história de Jesus é "boa". Mas então o que será que a torna boa? Proporei três respostas:

1. Essa situação envolvendo a igreja hipotética em Roma sugere uma resposta. É uma boa nova por se tratar de uma forma de se sentir a presença do Senhor Jesus Cristo, um modo de preservar a intimidade com os que partiram e uma maneira de fortalecer os laços de afinidade coletiva. É uma boa nova, pois ajuda a solucionar um impasse da segunda geração.

2. A história da vida de Jesus é boa porque explica a forma como ele — injustamente executado — foi trazido de volta à vida. É a história segundo a qual o túmulo não pôde derrotar o Filho de Deus. Esse elemento-chave da teologia parece ter sido fundamental desde o surgimento da fé cristã. E se, em última análise, o túmulo não pôde encerrar os filhos de Deus, os pais, as irmãs, os irmãos e os amigos da primeira geração — os que estavam morrendo e os que haviam morrido — é porque eles também não se foram para sempre.

3. Minha terceira resposta tem relação com Jesus em si. Aqui, presumo que Jesus tenha dito alguma coisa parecida com o que podemos ver em Marcos 1:14-15:

> Veio Jesus para a Galileia pregando as boas novas de Deus e dizendo: "O tempo está cumprido, e é chegado o reino de Deus. Arrependei-vos, e crede nas boas novas."

Essas são as primeiras palavras ditas em público por Jesus, de acordo com Marcos. Por isso, Marcos parece apresentar essa pequena proclamação como a principal mensagem de Jesus. Em outras palavras, se a mensagem pudesse ser reduzida a uma frase de efeito para ser dita no telejornal da noite, seria essa. Jesus parece estar dizendo (e aqui eu o parafraseio): "Em breve, Deus governará este mundo na condição de rei." Logicamente, isto só seria uma "boa nova" para as pessoas que estivessem descontentes com o governo romano e esperançosas de que o deus de Jesus representasse uma melhora nesse estado de coisas. Jesus parece conclamar as pessoas a aceitar um governo novo e divinamente estabelecido como boa nova. Portanto, pode ser que Jesus fosse famoso também pelo uso que fazia do termo "boa nova".* Se os cristãos da segunda geração quisessem se sentir mais próximos de Jesus, talvez repetissem algumas das frases mais populares do Mestre. Talvez uma dessas frases — "boas novas" — tenha assumido a forma de um rótulo: uma maneira de sintetizar a história inteira de Jesus.

Acredito que nenhuma resposta precisa estar correta em detrimento de outras. Mas o fato é que a segunda geração de cristãos achava que ter um relato da vida pública de Jesus, da sua execução injusta e do seu supremo desagravo era uma boa ideia.

Isso fez também com que Jesus — antes uma voz profética e inspiradora — se tornasse um simples personagem de uma história. Dali em diante, Jesus seria visto na forma de celebridade lendária. É o destino de todas as personalidades históricas. Tornam-se personagens literários.

De mais a mais, Jesus era um personagem literário tão fascinante que sua história atraiu muitos títulos, apêndices, ampliações e revisões. Nos quatro séculos seguintes, escritores fascinados por Jesus continuariam a ampliar a história da sua vida ou a reescrevê-la por inteiro. Essa aventura criativa pôs gerações subsequentes numa situação em que se viram pressionadas a concluir quais histórias sobre Jesus eram oficiais, fidedignas e úteis para a vida da Igreja. Com o tempo, a corrente predominante do cristianismo limitaria o *corpus* oficial dos escritos cristãos a quatro narradores do século 1: Mateus, Marcos, Lucas e João.

JESUS SE TORNA "JESUS"

Quando Jesus se tornou Jesus? Tudo leva a crer que Jesus e sua família falavam aramaico ou hebraico. Neste caso, "Jesus" não se chamava assim na juventude. Seu nome devia soar como *Yshu*. Se pronunciado em hebraico, devia soar mais ou menos como *Yeshu*. Nossa primeira evidência a respeito da história de Jesus provém de um professor judeu chamado Paulo, que escreveu cartas em grego em meados do século 1. Nesse período, o grego era o idioma mais falado no Império Romano.

---

* É possível que Jesus estivesse apenas repetindo certos trechos do profeta Isaías — presentes, por exemplo, em Isaías 40:9; 52:7.

Depois de ter tido uma experiência espiritual com o Jesus ressuscitado, Paulo (antes chamado "Saulo") acreditava que Deus queria que ele disseminasse as boas novas de Jesus entre judeus e gentios. Atendendo ao chamado de Jesus, Paulo enviou cartas a muitas igrejas de seguidores falantes de grego em todo o Império Romano. Numa dessas cartas, cita um dos primeiros hinos ou credos. Esse credo talvez seja a mais antiga evidência acerca da vida de Jesus. Ele antecede a carta enviada por Paulo a Roma (cerca do ano 50), provavelmente oriundo da primeira geração de seguidores de Jesus. O credo é mais ou menos assim:

nasceu da descendência de Davi, segundo a carne

declarado Filho de Deus com poder, segundo o espírito de santidade

pela ressurreição dentre os mortos, Jesus Cristo, Nosso Senhor (Romanos 1:3-4)

Essa profissão de fé revela uma série de informações importantes sobre os primevos (talvez os primeiros de fato) seguidores de Jesus. Primeiramente porque, embora escrita por Paulo em grego, parece que ganhou forma numa língua semítica (ou seja, aramaico ou hebraico). Pelo visto também, as duas primeiras linhas parece terem sido compostas em versos paralelos, ao estilo da poesia hebraica. Ademais, a expressão "espírito de santidade" reflete um aspecto da gramática semítica, mais do que o título cristão "Espírito Santo", atribuído posteriormente. Mas o que é ainda mais notável é a frase "da descendência de Davi". Trata-se de uma clara referência ao grande Rei Davi, que fora ungido com óleo pelo profeta Samuel em Belém. Portanto, embora a primeira referência a Jesus de que se tem notícia tenha sido feita em grego, isto revela que os primeiros seguidores de Jesus foram judeus e bastante versados nas Escrituras em hebraico. Além do mais, é provável que recitassem ou cantassem essa profissão de fé em aramaico ou hebraico.

Em dado momento da evolução do movimento cristão, esse credo — edificado sobre a história política de Israel — se tornou um mantra comum entre os membros de uma parcela da sociedade formada por romanos de língua grega. Acontece que judeus e gentios o recitavam como que adorando o Deus de Israel, mas venerando Jesus como "Senhor". Uma das razões pelas quais Paulo cita esse cântico/credo no início da sua carta a Roma é o desejo de mostrar que ele acredita na mesma coisa que esses confrades. Aparentemente, ao abraçarem a política dos judeus, muitos seguidores de Jesus — independentemente de localidade geográfica ou etnia — abraçaram a Jesus também como Senhor.

CONHEÇA ESTA PALAVRA: CREDO

Um credo é uma sucinta profissão de fé. A função dos credos é oficializar e autorizar importantes doutrinas, e unificar uma comunidade de devotos em torno da sua determinada teologia. Na história do cristianismo, profissões de fé traçaram diferenças entre grupos. Alguns exemplos incluem o Credo Niceno e o Credo dos Apóstolos ou Credo Apostólico (ambos assumindo a sua forma final no século 4).

Esse credo (pelo menos da forma que Paulo o descreve) revela também como os primeiros seguidores interpretavam a ressurreição. Jesus, de acordo com Paulo, deveria ser chamado "Senhor". Esta palavra poderia significar simplesmente "mestre" ou "senhor", mas muitos judeus usavam esse título para se referir a Deus, o Criador. Se o termo "Senhor" tem mesmo tal significado nesse contexto, isso revela que muitos seguidores atribuíam status de divindade a Jesus, pelo menos já desde o ano 50, ou talvez até antes.

Não temos nenhuma prova de qualquer resistência à mudança das línguas semíticas para o grego no culto da religião cristã. A razão mais provável para isso está no fato de que, nesse contexto sociocultural, muitas pessoas eram poliglotas. Por isso, boas novas da ressurreição de Jesus e da restauração do trono de Davi pelo poder de Deus foram facilmente assimiladas pelo mundo de língua grega. Aliás, isso se tornou inevitável assim que Paulo começou a pregar sobre Jesus aos povos gentios.

O Jesus Histórico de Paulo

O Evangelho de Marcos é a primeira narrativa sobre a vida e os ensinamentos de Jesus. Esse evangelho descreve os conflitos políticos, a morte e a ressurreição de Jesus. O Evangelho de Marcos, segundo nossas melhores estimativas, foi redigido por volta do ano 70. Mas, conforme já dissemos, os primeiros escritos sobre Jesus vieram de um fariseu chamado Paulo. O apóstolo Paulo (também denominado "São Paulo") é mais conhecido pelas cartas que escreveu. Algumas delas podem ter sido escritas até vinte anos antes do Evangelho de Marcos.

Paulo estava preocupado com a *importância* de Jesus, e não com as histórias sobre sua vida. O entusiasmo de Paulo em relação àquilo que Jesus havia se tornado na vida dos seus seguidores ofusca quase todas as outras coisas relacionadas ao Mestre Nazareno. Todavia, embora não fale muito a respeito da vida de Jesus, ele diz algumas coisas interessantes que indicam seu conhecimento sobre o assunto de forma geral.

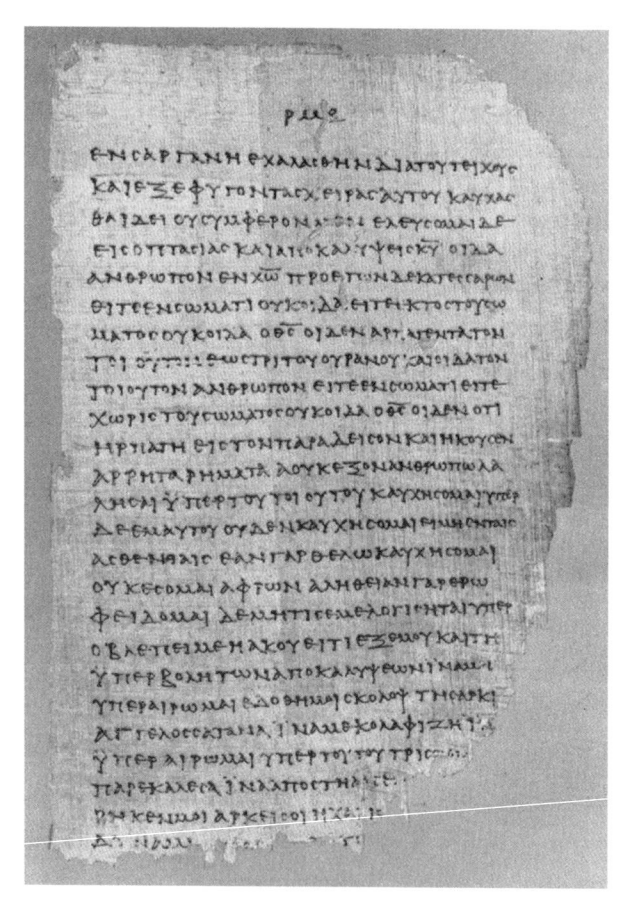

Figura 6 Fólio do P46: Do Papiro 46, esta é uma das mais antigas cópias remanescentes das cartas de Paulo (mais ou menos do fim do século 2). O texto em grego corresponde a 2 Coríntios 11:33-12:9. Existem treze cartas escritas com a assinatura de "Paulo" no Novo Testamento. Dessas treze, algumas podem ter sido escritas por outros primeiros cristãos (talvez tendo usado o nome de Paulo após sua morte). As cartas consideradas mais autênticas são as epístolas aos Romanos, 1 Coríntios, 2 Coríntios, Gálatas, Filipenses, 1 Tessalonicenses e a Filemom.

Examinando a indiscutível autenticidade das cartas de Paulo — a mais antiga evidência sobre a vida de Jesus —, aprendemos que seus seguidores acreditavam que:

Jesus "nasceu de uma mulher" (Gálatas 4:4), tornando-se semelhante aos homens (Filipenses 2:7)

Jesus era judeu e nascido sob a lei judaica (Gálatas 4:4)

Jesus pertencia à linhagem de Abraão (Gálatas 3:16) e do Rei Davi (Romanos 1:3)

Jesus tinha irmãos e eram casados — o que implica a ideia de que tinha cunhadas, sobrinhos e sobrinhas (1 Coríntios 9:5)

Digno de nota entre os irmãos de Jesus é Tiago (Gálatas 1:19)

Jesus tinha um grupo de discípulos chamado "os doze" (1 Coríntios 15:5)

Notáveis também entre esses discípulos foram Pedro e João (Gálatas 2:9)

A missão e o ministério de Jesus tinham a ver principalmente com seus compatriotas judeus (Romanos 15:8)

Jesus ensinou que a prática da pureza alimentar é flexível, dependendo do ponto de vista de cada um (Romanos 14:14)

Jesus deu orientações éticas a seus discípulos sobre pureza sexual (1 Tessalonicenses 4:2-6)

Jesus deu orientações éticas a seus discípulos sobre o divórcio e o ato de se casar de novo (1 Coríntios 7:10)

Jesus deu orientações éticas a seus discípulos sobre a remuneração dos pregadores (1 Coríntios 9:14)

Jesus não agia motivado pela busca da satisfação de gozos pessoais (Romanos 15:3) — possivelmente propondo com isto um modelo ético de altruísmo

Jesus repassou instruções a seus seguidores recomendando que realizassem uma ceia ritualística em memória dele. A ceia incluía pão e vinho, e simbolizava o corpo e o sangue de Jesus (1 Coríntios 11:23-5)

De certo modo, Jesus foi "traído" (1 Coríntios 11:23)

Essa traição ocorreu à noite (1 Coríntios 11:23)

Jesus foi crucificado (1 Coríntios 1:23; Filipenses 2:8 etc.)

Essa execução foi uma humilhação pública (Gálatas 3:1)

As autoridades da Judeia foram culpadas (por Paulo) por sua morte — Paulo culpa "os judeus/judaicos"* (1 Tessalonicenses 2:15)

A crucificação de Jesus foi uma demonstração da humilhação que lhe impuseram (Filipenses 2) —, talvez querendo indicar com isso que o próprio Jesus foi, em última análise, o maior responsável pela própria morte

De certo modo, a morte de Jesus foi um sacrifício religioso (1 Coríntios 5:7) propiciado por Deus (Romanos 3:24-5) —, talvez querendo isto dizer que Deus foi, em última análise, responsável pela morte de Jesus

Jesus foi enterrado (1 Coríntios 15:4)

Jesus ressuscitou dentre os mortos "no terceiro dia" (Romanos 1:4; 1 Coríntios 15:20 etc.)

---

* Em países de língua inglesa, tem havido muitos debates entre estudiosos sobre a questão de se dever traduzir a palavra grega *Ioudaios* como "Judean" ("judaicos") ou como "Jews" ("judeus"). Impressiona-me a respeitabilidade de ambos os argumentos, em defesa de uma e da outra, mas sou a favor de uma solução do tipo "ambas/tanto uma quanto a outra". É importante não fazermos supressões de referências a "os judeus" no Novo Testamento, a ponto de conferirmos um falso colorido à historiografia. Incluí esta questão de tradução porque está claro que Paulo se refere a um conflito que ocorreu "na Judeia" (1 Tessalonicenses 2:14). Isto indica que Paulo tinha intenção de criar uma denominação regional, e alguns estudiosos argumentariam que "judaicos" seria o melhor termo para assinalar tal designação. Devo dizer também que passagens do Novo Testamento, como a de 1 Tessalonicenses 2:14-16, foram usadas por cristãos como justificativa para oprimir e assassinar milhões de judeus nos últimos 2.000 anos. Paulo, ele mesmo um "hebreu dos hebreus" (tal como se autodenomina), com um profundo investimento no bem-estar da Judeia, não conseguiu prever o advento de uma violência tão catastrófica e, provavelmente, jamais pensou na possibilidade da existência de uma futura versão de cristianismo destituída de uma liderança judia e hostil aos filhos de Israel. Cumpre assinalar também que os romanos (gentios/judeus) foram responsáveis pela execução de Jesus. Aliás, hesito em repetir aqui uma retórica tão odiosa, já que ela tem uma longa história de antissemitismo, mas há o risco de "os judeus" serem apagados de todas as partes do Novo Testamento. Tentativas de remover desses escritos referências aos antigos judeus têm íntima relação com tentativas de desterrar e/ou matar os judeus contemporâneos. Por isso, a questão da tradução desses termos é um assunto complexo e carregado de sentimentos de conotação étnica.

De certa forma, Jesus ressuscitou dentre os mortos em "cumprimento" das escrituras judaicas (1 Coríntios 15:4)*

Jesus apareceu a Pedro (chamado Cefas) e depois a muitas outras testemunhas (1 Coríntios 15:5-6)

Mas, se esperamos conseguir um quadro sucinto de dados históricos, não podemos aceitar tais afirmações sem questioná-las. Essa lista não pode ser considerada uma relação de fatos ou verdades, pura e simplesmente. Paulo, como eu disse, não tinha interesse em relatar fatos destituídos de importância teológica. Provavelmente, nunca ocorreu a Paulo apresentar um resumo da vida de Jesus. Paulo era teólogo e mestre em retórica, e não biógrafo.

Só é possível criar essa lista juntando pequenas informações fornecidas por Paulo em suas citações, feitas a esmo, das crenças dos primeiros cristãos e das máximas de Jesus. Não obstante, as suposições de Paulo em relação a Jesus como figura histórica são úteis quando esboçamos um quadro da imagem e da influência do Mestre Nazareno.

Abraçando a Ironia

Jesus foi crucificado e, assim, humilhado com uma execução pública. Quaisquer aspirações que ele houvesse tido à instituição de um governo de Deus, no lugar de um governo romano, caíram por terra quando ele foi içado à cruz do martírio. Para deixar claras as suas intenções, os soldados romanos lhe deram uma coroa de espinhos e o aclamaram rei com elogios zombeteiros.

Seria de esperar, pois, que qualquer pessoa que achava que Jesus pudesse ser um profeta ou rei ungido mudaria de ideia em relação a ele depois da sua execução humilhante. Como dito anteriormente, o objetivo da crucificação era o seguinte: a prática "elevava" a pessoa que tinha aspirações acima da sua condição social, com seus executores pregando e pendurando o condenado num poste. Portanto, a cruz de Jesus foi uma ironia cruel.

Na carta de Paulo aos Filipenses (2:5-11), ele incluiu um louvor que provavelmente era cantado pelos membros da primeira geração, após a crucificação de Jesus:

---

* A que parte das escrituras hebraicas Paulo está se referindo? Esta pergunta deve permanecer sem resposta, visto que não existe nenhuma previsão de um messias crucificado nas escrituras hebraicas, e muito menos de um messias ressuscitado.

Tende em vós aquele sentimento que houve também em Cristo Jesus,
o qual, subsistindo na forma de Deus,
não considerou ser igual a Deus,
coisa a que se deveria aferrar,
mas esvaziou-se a si mesmo,
tomando a forma de um escravo,
tornando-se semelhante aos homens.
E, achado na forma de homem,
humilhou-se,
tornando-se obediente até a morte —
mesmo a morte numa cruz.

Pelo que também Deus o exaltou soberanamente
e lhe deu o nome
que está acima de todo nome,
para que ao nome de Jesus
se dobre todo joelho
dos que estão nos céus, e na terra, e debaixo da terra,
e toda língua confesse
que Jesus Cristo é Senhor,
para a glória de Deus-Pai.

Observe que, no fim da primeira estrofe, "morte numa cruz" é considerada uma forma de humilhação. Nesse canto de louvor, Jesus começa "na forma de Deus", mas renuncia a qualquer expediente divino que talvez possuísse ou pudesse explorar. Jesus esvaziou-se até assumir a forma de escravo ou simples mortal. E não apenas se dispõe a morrer de bom grado, como também numa cruz. Ao contrário da suposição conjunturalmente suscitada, segundo a qual Jesus exaltou a si mesmo e, por isso, justificou a humilhação a que foi submetido, a mensagem desse louvor diz que Jesus se humilhou e, desse modo, justificou o próprio enaltecimento.

Na segunda estrofe, vemos que o nome de Jesus glorifica a Deus e é digno de adoração. Aqui também isso é o oposto daquilo que se poderia esperar de um líder crucificado. As pessoas que entoavam esse louvor incorporaram em seu código de fé pessoal a elevação de Jesus. Apossaram-se espiritualmente do símbolo da crucificação e lhe deram um novo significado. Acreditavam que Roma estava errada em relação às motivações de Jesus, mas inconscientemente correta com respeito à sua elevação. O que Roma tencionou dizer com sarcasmo irônico, o louvor alega ser uma verdade divinamente endossada: "Jesus Cristo é Senhor."

Décadas após a composição desse canto de louvor, a primeira biografia da vida pública de Jesus reproduziu essa ironia de uma forma diferente. Em algum momento entre os anos 65 e 70, histórias escritas sobre a vida de Jesus vinham ganhando forma. O Evangelho de Marcos foi escrito quando Roma e a Judeia estavam em guerra, em uma época em que Jerusalém se defendia de ataques e era destruída. No Evangelho de Marcos, o representante de Roma na Judeia era Pôncio Pilatos. Antes de ter enviado Jesus para a cruz, Pilatos o interrogou: "És tu o rei dos judeus?" (Marcos 15:2). "É como dizes", respondeu Jesus. Nessa história, Jesus se recusa a exaltar a si mesmo. Ao contrário, é Pilatos quem faz isso por ele, embora sem querer. Imediatamente após a morte de Jesus, um centurião romano depõe: "Verdadeiramente, este homem era o Filho de Deus!" Aqui, Jesus alcança mais o castigo do que a vergonha na crucificação romana (15:39). Por uma ironia do destino, representantes de Roma endossam o status de Jesus com palavras extremamente elogiosas.

Desse modo, os primeiros seguidores de Jesus adotaram simbolicamente um instrumento usado pelos romanos para humilhá-los e assim abraçaram um elemento de adoração duplamente irônico: o Jesus crucificado e o Jesus divino. Com isso em mente, reflita a respeito da afirmação de Jesus constante no Evangelho de João: "E eu, quando for levantado da terra, todos atrairei a mim." Essa biografia apresenta, em retrospecto, declarações explícitas sobre Jesus, enquanto o Evangelho de Marcos pode apenas sugerir tais alusões a essas declarações. O narrador explica: "Isto dizia, significando de que morte haveria de morrer" (João 12:32-3). Em algum momento do desenrolar dos acontecimentos, a cruz de Jesus se tornou um símbolo de honra que atraiu fiéis seguidores, em vez de afastar seguidores frustrados.

A CEIA DE JESUS

Em sua primeira carta enviada aos cristãos de Corinto, Paulo descreve uma cena com Jesus entre comensais de um banquete. Agora, chamamos esse banquete de a "Última Ceia" ou "Eucaristia" (que significa ação de graças), em que cristãos consagram o sangue e o corpo de Cristo na prática da *Comunhão*. Seguidores de Jesus praticaram esse banquete ritualístico desde os primeiros dias do cristianismo. Paulo escreve na carta:

> Porque eu recebi do Senhor o que também vos ensinei: que o Senhor Jesus, na noite em que foi traído, tomou o pão; e, havendo dado graças, o partiu e disse: "Isto é o meu corpo, que é por vós; fazei isto em memória de mim." Semelhantemente também, depois de cear, tomou o cálice, dizendo: "Este cálice é o novo pacto no meu sangue; fazei isto, todas as vezes que beberdes, em memória de mim. Porque todas as vezes que comerdes deste pão e beberdes do cálice, estareis anunciando a morte do Senhor, até que ele venha" (1 Coríntios 11:23-6).

Embora o trecho citado esteja presente também nos evangelhos canônicos, a breve narrativa de Paulo é a mais antiga das remanescentes menções dessas palavras.* Em suma, Jesus — chamado "Senhor" — afirma que o pão é o seu corpo e o vinho, o seu sangue, representando tais componentes um novo pacto. Essa pequena narrativa indica que os primeiros seguidores de Jesus realizavam uma ceia ritualística para se lembrar do corpo martirizado e do sangue derramado por Jesus quando foi crucificado. De acordo com Paulo, a realização dessa ceia é uma proclamação "da morte do Senhor".

O fato de os cristãos celebrarem uma repugnante execução na forma de um banquete pode parecer algo muito estranho para alguns. A preocupação com essa esquisitice é manifestada numa carta escrita no século 2 por um oficial romano chamado Plínio, o Jovem. Ele relata o que soube depois de haver interrogado alguns cristãos. Diz em seus escritos que os cristãos confessaram seu "equívoco":

> eles tinham o hábito de se reunir regularmente em certo dia fixo, antes do nascer do sol, entoar alternadamente entre si um hino em honra de Cristo, como se este fosse um deus; eles faziam o juramento de não praticar nenhum tipo de má ação... Em seguida, tinham o costume, conforme eles mesmos disseram, de se despedirem e depois se encontrarem novamente para uma ceia, que era, no entanto, comum e totalmente inofensiva. (Epístolas — Cartas 96/97).

A referência que Plínio faz a uma refeição comum e inofensiva parece indicar que os romanos estavam preocupados com a possibilidade de os cristãos

---

* João não inclui tal narrativa em seus escritos, mas Jesus chama a si mesmo de o "pão da vida" em João 6:35.

praticarem alguma espécie de refeição fora do normal e perniciosa, ou seja, canibalismo. Afinal de contas, eles diziam que, em seu ritual sagrado, comiam o corpo de outra pessoa. Esses cristãos, depois que puderam se explicar diante de Plínio, atenuaram seus receios e lhe asseguraram de que a sua ceia era extremamente benigna.

Vale acentuar que, naquela época, pão e vinho eram simples artigos de primeira necessidade na vida dos povos. Com o uso que fizeram de componentes mundanos para representar algo sagrado, Jesus e seus discípulos asseguraram a transmissão reiterada de uma mensagem de fé. Lembrar cerimonialmente o sangue e o corpo de Jesus se tornou algo fundamental para a comunhão religiosa do grupo. O pão e o vinho se tornaram elementos-chave para decifrar o significado espiritual da crucificação de Jesus. Claro está que esse ritual tinha grande capacidade de resistência: parece que era praticado já pelos primeiros seguidores de Jesus, algo que servia para rotulá-los como pessoas estranhas aos olhos dos promotores de justiça romanos nos anos de sua obscuridade e que tem sido praticado há dois milênios.

Figura 7 *A Comunhão dos Apóstolos* (cerca de 1659): Neste óleo sobre tela, Luca Giordano ostenta suas pinceladas rápidas, fluidas e emotivas do seu estilo barroco. Em sua interpretação da Última Ceia, os Apóstolos estão desorganizados e dispersos, dando a impressão de falta de orientação. Com isso, o artista prenuncia o episódio da traição e do martírio de Jesus que viria a seguir. Observe também que os Apóstolos não estão reclinados enquanto comem. Ao contrário, Jesus administra, em pé, um sacramento a um discípulo ajoelhado, aspecto da obra que reflete a cultura religiosa do artista na Itália.

JESUS E HISTÓRIAS SOBRE ÉTICA

Jesus perdura na memória de muitos na condição de professor de ética, e seu instrumento favorito para a transmissão de ensinamentos éticos era contando histórias. Talvez isto possa nos dizer algo interessante sobre o que Jesus pensava a respeito da ética. Histórias ficam sujeitas a uma série de interpretações e aplicações éticas. Portanto, é possível a pessoa afastar-se ideologicamente de uma história contada por Jesus e pôr em prática a visão dele de uma maneira diferente daquela como faziam seus confrades. Existem, no entanto, preceitos religiosos fundamentais que parecem extremamente rigorosos.

Tanto nos ensinamentos de Jesus quanto nos de seus primeiros seguidores, o cuidado para com o próximo, estranhos e inimigos era essencial. Este aspecto da doutrina é algo tomado de empréstimo às instruções das tradições judaicas que ensinam a acolher e cuidar do estrangeiro. Por exemplo, Êxodo 22:21 emoldura o seguinte em matéria de mandamento divino: "Ao estrangeiro não maltratarás, nem o oprimirás, pois vós fostes estrangeiros na terra do Egito." Este é apenas um único exemplo de um reiterado ensinamento na Bíblia hebraica. Jesus amplia e interpreta esse mandamento. E, como podemos ver em Mateus, Jesus chega a advertir que deixar de fazer isso pode resultar em condenação: "Vós que sois amaldiçoados, apartai-vos de mim para o fogo eterno, preparado para o Diabo e seus anjos" (Mateus 25:41).

CONHEÇA ESTA PALAVRA: PARÁBOLA

Parábola é um termo genérico que designa certos tipos de histórias, comparações, provérbios e mistérios. Provém da palavra grega *parabole*, que significa, literalmente, "emparelhamento, comparação, aproximação". Em certo sentido, a parábola nos fornece um meio de pensarmos em algo por analogia. Por exemplo, Jesus diz que o "reino dos céus é semelhante a um grão de mostarda" (Mateus 13:31).
A ideia aqui é que algo magnífico pode surgir de uma coisa pequena.
Parábolas são quase sempre assinaladas por comparações, mas fragmentos de sabedoria memoráveis se enquadram também no significado genérico do termo. Em Mateus, Marcos e Lucas, vemos Jesus falando com frequência por parábolas. Já no Evangelho de João, o apóstolo reproduz as prédicas de Jesus em forma de longos monólogos (os quais não poderiam ser considerados parábolas).

Uma das histórias mais famosas de Jesus foi motivada pela questão das parábolas. Em Lucas 10:25-37, vemos Jesus numa conversa com um especialista da lei:

> E eis que se levantou certo doutor da lei e, para o experimentar, disse: "Professor, que farei para herdar a vida eterna?", indagou ele. E lhe perguntou Jesus: "Que está escrito na lei? O que tu lês?" Respondeu-lhe o doutor: "Amarás ao Senhor teu Deus de todo o teu coração, de toda a tua alma, de todas as tuas forças e de todo o teu entendimento; e ao teu próximo como a ti mesmo." Tornou-lhe Jesus: "Respondeste bem; faze isso, e viverás." Ele, porém, querendo justificar-se, perguntou a Jesus: "E quem é o meu próximo?" Jesus disse: "Um homem descia de Jerusalém a Jericó e caiu nas mãos de salteadores, os quais o despojaram e, espancando-o, se retiraram, deixando-o quase morto. Casualmente, descia pelo mesmo caminho certo sacerdote e, vendo-o, passou ao largo. De igual modo também, um levita chegou àquele lugar, viu-o e passou ao largo. Mas um samaritano, que ia de viagem, chegou perto dele e, vendo-o, encheu-se de compaixão. Aproximando-se, atou-lhe as feridas, deitando nelas azeite e vinho; então, pondo-o sobre a sua cavalgadura, levou-o para uma estalagem e dele cuidou. No dia seguinte, tirou dois denários, deu-os ao hospedeiro e disse-lhe: 'Cuida dele; e tudo o que gastares a mais, eu pagarei quando voltar.' Qual, pois, dos três te parece ter sido o próximo daquele que caiu nas mãos dos salteadores?" Respondeu o doutor da lei: "Aquele que usou de misericórdia para com ele." Disse-lhe, pois, Jesus: "Vai, e faze tu o mesmo."

Tal como é tipicamente o caso nos evangelhos, Jesus é retratado como um gênio da retórica que nunca perde um debate. Nesse contexto, o especialista da lei é uma típica figura literária. Ele cumpre, literalmente, a função de vitrine das habilidades de retórica de Jesus. Na verdade, geralmente esses debates são muito longos e raramente encerrados com a exposição de uma única parábola. Ainda assim, essa breve passagem revela uma característica fundamental de Jesus e o impacto que causou no cristianismo primitivo. A preocupação e os cuidados com o estrangeiro não são apenas uma parte essencial das pregações de Jesus, mas também algo de importância vital na forma de pensar do Mestre Nazareno em relação à salvação. Na narrativa de Lucas, Jesus aparece contando essa história como resposta direta às perguntas "Que farei para herdar a vida eterna?" e "Quem é o meu próximo?".

A primeira dessas questões é respondida com a pergunta de Jesus: "Que está escrito na lei? O que tu lês?" Aqui, Jesus reforça para seus seguidores o valor do ensinamento da lei judaica. Ele sugere também que *a forma pela qual a pessoa a interpreta* é tão importante quanto o que diz a lei. No trecho citado, as palavras de Jesus são traduzidas assim: "O que tu lês?" Todavia, numa tradução mais próxima do grego, ela seria algo como: "Como a interpretas?" Trata-se de uma conversa sobre *a forma pela qual* a pessoa interpreta a lei judaica. De acordo com Jesus, o especialista da lei age acertadamente quando se concentra neste ensinamento: "Amarás ao Senhor teu Deus de todo o teu coração, de toda a tua alma, de todas as tuas forças e de todo o teu entendimento; e ao teu próximo como a ti mesmo."

E agora chegamos a um componente extremamente surpreendente dos ensinamentos de Jesus. O homem pergunta a ele: "E quem é o meu próximo?" Contudo, a parábola que vem a seguir se recusa a responder. Em vez disto, Jesus explica o que significa ser um bom irmão em humanidade. Na verdade, responde a pergunta "Quem é o meu próximo?" questionando: "A quem você tratou com misericórdia?" Podemos inferir com isto que os seguidores de Jesus devem fazer a si mesmos uma pergunta melhor: "Sou eu o próximo?" Mas aí vem a parte mais difícil: de acordo com Jesus, a salvação depende da forma como a pergunta será respondida.

JESUS EM MARCOS

O Evangelho de Marcos é a mais antiga das histórias remanescentes sobre a vida de Jesus. Nele, o autor se concentra exclusivamente na vida pública de Jesus, começando com João Batista (e o batismo de Jesus) e terminando com o túmulo vazio (assinalando a ressurreição). A história de Marcos — talvez por isso a primeira delas — é considerada por muitos o mais "autêntico" relato da vida de Jesus. Cumpre considerar, no entanto, que Marcos escrevia em grego, e parece que fazia isto, principalmente, para um público de gentios. Portanto, Marcos está distante de Jesus não só linguística como também culturalmente. (Todos os quatro evangelhos canônicos foram escritos em grego.) O autor do Evangelho de Marcos devia estar vivo antes da morte de Jesus, mas, no texto, não existe nenhuma menção a este fato. Apesar disto, talvez Marcos passe uma impressão da vida de Jesus que parecia plausível às pessoas familiarizadas com a vida pública do Mestre Nazareno. Além disto, é o máximo que podemos esperar de qualquer biografia antiga.

O relato de Marcos tem somente dezesseis pequenos capítulos. Cada um deles é formado apenas por uma ou duas páginas, e geralmente leva-se menos de uma hora e meia para ler a história toda. É provável que tenha sido redigido para ser recitado. A maioria dos eruditos diz que ele foi escrito por volta do ano 70.

CONHEÇA ESTA PALAVRA: SATÃ

A palavra hebraica *satan* não provém de um nome próprio. O termo é usado para designar seres que (para o bem ou para o mal) agem como adversários dessa ou daquela pessoa ou grupo. Por exemplo, em Números 22:32, consta um episódio em que um anjo bloqueia o caminho de Balaão, dizendo: "Eis que eu te saí como adversário [*satan*], porquanto o teu caminho é perverso diante de mim." Neste episódio, o anjo é chamado de "Anjo do Senhor". Com o tempo, o termo acaba sendo personificado na literatura judaica como um ser de características específicas que se opõe a Deus e a Israel (Jó 1:6-12). Em Marcos 8:33, Jesus repreende Pedro, chamando-o de "satã". Não se sabe ao certo se Jesus quis associar Pedro ao personagem literário ou se apenas quis dizer que Pedro estava se opondo a seus ensinamentos.

No Evangelho de Marcos, Jesus prega sobre o reino (ou governo) de Deus. Em Marcos, Jesus se exprime também por pequenas parábolas e assume, em várias ocasiões, uma atitude contenciosa. Muda de assunto com frequência enquanto argumenta, de modo que consiga vencer discussões e debates. Repreende também os discípulos e outros líderes judeus. Em certo episódio, chama Pedro de "satã" (Marcos 8:33). Em outra ocasião, compara uma mulher siro-fenícia — ou talvez seu povo inteiro — a cães (Marcos 7:24-7). Em suma, Jesus era o tipo de pessoa dada a criar polêmica. Será que isso fazia parte da razão pela qual Jesus acabou tendo problemas com as autoridades de Jerusalém e (ao fim e ao cabo) com Roma?

Por outro lado, o Jesus do Evangelho de Marcos é alguém que estende a mão para crianças, leprosos e outras pessoas desvalidas. Jesus geralmente visita povoados e habitantes de zonas rurais, mas não faz visitas frequentes a cidades para pregar em mercados públicos. O Jesus do Evangelho de Marcos costuma se mostrar hostil e aguerrido para com os poderosos, mas generoso com os desprovidos de prestígio ou poder.

Um ponto fundamental no Evangelho de Marcos é que Jesus é muito conhecido pelas pessoas desejosas de algum tipo de cura ou que vivem atormentadas por demônios. Acrescente-se a isto a fama de Jesus como contador de histórias e pregador, e fica fácil entender por que as pessoas afluíam em grande número à sua procura.

> Outra vez começou a ensinar à beira-mar. E reuniu-se a ele tão grande multidão que ele entrou num barco e nele se sentou, enquanto todo o povo estava em terra, junto do mar. Então começou a lhes ensinar muitas coisas por parábolas (Marcos 4:1).

Repetidas vezes, Marcos inclui informações sobre o número imenso de pessoas que corriam ao encontro dele. Essa passagem menciona também a solução criativa do Nazareno de usar a água como uma espécie de anfiteatro natural para criar um palco. Literalmente falando, esse palco era um barco.

Às vezes, temos a impressão de que Jesus preferia ficar a sós, mas as multidões acabavam descobrindo seu paradeiro. No entanto, considere também a forma pela qual as multidões funcionavam como uma espécie de entidade única, tornando empolgante o enredo do episódio a seguir:

> Naquele dia, quando já era tarde, disse-lhes: "Passemos para o outro lado." E eles, *deixando a multidão*, levaram-no consigo, assim como estava, no barco; e havia com ele também outros barcos. E se levantou grande tempestade de vento, e as ondas batiam dentro do barco, de modo que já se enchia. Ele, porém, estava na popa, dormindo sobre a almofada; despertaram-no e perguntaram-lhe: "Mestre, não se te dá que pereçamos? E ele, levantando-se, repreendeu o vento e disse ao mar: "Cala-te, aquieta-te." E cessou o vento, e fez-se grande bonança. Então lhes perguntou: "Por que sois assim tímidos? Ainda não tendes fé?" Encheram-se de grande temor, e diziam uns aos outros: "Quem, porventura, é este, que até o vento e o mar lhe obedecem?" (Marcos 4:35-41).

O episódio parece indicar que Jesus não tinha, por ora, mais nada a tratar com as multidões e, assim, entrou no barco para se retirar do local. Mas, logicamente, esse problema torna o enredo ainda mais empolgante, visto que algo a respeito do caráter de Jesus é revelado: ele é um agente divino capaz de falar com a autoridade da voz de Deus. Realmente, quem mais poderia amansar a fúria caótica da tempestade? Marcos toca numa questão de suma importância nas escrituras judaicas: a voz de Deus estabelecendo ordem em meio ao caos.

Figura 8 Barco galileu do século 1: Seus restos foram descobertos no leito lamacento do Mar da Galileia. Embora seja chamado às vezes de o "barco de Jesus", ele não tem nenhuma ligação efetiva com Jesus. É possível, contudo, que tenha entrado uma vez num barco como este. Este barco fica em exposição no Yigal Allon Museum, no Kibbutz Ginosar.

As multidões são um importante componente na narrativa de Marcos. Elas servem para dar uma noção da popularidade de Jesus, mas em breve acabariam se dispersando e depois voltariam a se reunir para clamar: "Crucifiquem-no!" Em certo sentido, Jesus acabou sucumbindo à fúria da tempestade; porém, seriam os procelosos vendavais da política que o afogariam.

O Jesus de Marcos é notável também pelo que o autor não inclui na sua narrativa. Por exemplo, Marcos não conta nenhuma história sobre o nascimento ou a infância de Jesus. Também não faz menção alguma a José, o pai do Mestre. Marcos não ajuda a preservar nenhuma das muitas máximas de Jesus presentes nos outros evangelhos. Seus escritos tampouco apresentam uma extensa descrição das aparições de Jesus ressurrecto. Os primeiros manuscritos chegam ao fim simplesmente com uma interpretação do túmulo vazio. Mas, mesmo sem a presença de aparições de Jesus, a história termina com a certeza do Jesus ressuscitado. De fato, Marcos relata episódios de mulheres que encontraram um homem (angelical) no túmulo:

> E, entrando no sepulcro, viram um jovem sentado à direita, vestido com alvo manto, e ficaram atemorizadas. Ele, porém, lhes disse: Não vos atemorizeis; buscais a Jesus, de Nazaré, que foi crucificado; ele ressurgiu; não está aqui. Eis o lugar onde o puseram (Marcos 16:5-6).

Talvez a questão mais importante em Marcos — aliás, a que torna a narrativa empolgante — sejam a inocência e o desagravo de Jesus. A humilhação e a execução públicas devem ter provado a muitos que ele não era apoiado por Deus. Contudo, a história de Marcos refuta essa lógica demonstrando que Jesus era, sim, divinamente apoiado. Jesus podia até ter sido julgado e executado, mas, no fim das contas, acabou sendo desagravado. Talvez isto explique por que quase a metade da narrativa de Marcos é dedicada à última semana de vida de Jesus (a qual chamamos "Paixão de Cristo") e a acontecimentos que resultaram na sua crucificação. Marcos apresenta um Jesus que era realmente um enviado de Deus, embora malcompreendido e injustamente condenado à morte.

Jesus em Mateus

Alguns dos primeiros cristãos acreditavam que o Evangelho de Mateus havia sido o primeiro a ser escrito. Mas o consenso atual entre estudiosos do assunto é que tanto Mateus como Lucas (e possivelmente João) se valeram de informações da história contada por Marcos e a ampliaram. É bem provável que o autor/editor do Evangelho de Mateus tenha melhorado a narrativa de Marcos com outras histórias muito conhecidas sobre Jesus e, assim, "corrigido" as omissões de Marcos. É muito improvável que esse autor/editor acreditasse que essa melhoria tivesse causado algum dano a uma tradição marcada pela pureza. E ainda é muito mais provável que Mateus quisesse esclarecer e explicitar detalhes cuja importância Marcos subestimou.

Por exemplo, em Marcos, Jesus é chamado de Messias. Mateus concorda que assim deve ser, e inclui provas e explicações adicionais no seu relato. Com isso em mente, cita trechos das escrituras hebraicas e afirma que muitas profecias foram cumpridas por Jesus; Mateus associa Jesus aos grandes reis Davi e Salomão, e também retrata Jesus como um novo Moisés. Estes são apenas três exemplos de conceitos apresentados por Marcos e depois tratados de forma mais ampla como temas em Mateus.

Além de melhorar e/ou corrigir a história de Marcos, Mateus adiciona conteúdo novo a seus escritos. A maior parte desse conteúdo vem na forma de pequenas máximas, de autoria atribuída a Jesus. Vemos um exemplo disto na parábola mais famosa de Jesus — o "Sermão da Montanha":

> Jesus, pois, vendo as multidões, subiu ao monte; e, tendo se assentado, aproximaram-se os seus discípulos, e ele se pôs a ensiná-los, dizendo:
>
> "Bem-aventurados os humildes de espírito, porque deles é o reino dos céus.
> Bem-aventurados os que choram, porque eles serão consolados.
> Bem-aventurados os mansos, porque eles herdarão a terra.
> Bem-aventurados os que têm fome e sede de justiça, porque eles serão fartos.
> Bem-aventurados os misericordiosos, porque eles alcançarão misericórdia.
> Bem-aventurados os puros de coração, porque eles verão a Deus.
> Bem-aventurados os pacificadores, porque eles serão chamados filhos de Deus.
> Bem-aventurados os que são perseguidos por causa da justiça, porque deles é o reino dos céus.
> Bem-aventurados sois vós quando vos injuriarem e perseguirem e, mentindo, disserem todo mal contra vós por minha causa.
> Alegrai-vos e exultai, porque é grande o vosso galardão nos céus; porque assim perseguiram aos profetas que foram antes de vós" (Mateus 5:1-12).

Nessa primeira parte do sermão, também chamada "Bem-aventuranças", vemos alguns dos principais interesses de Mateus no assunto. O Jesus de Mateus começa com dez instruções repassadas a seus seguidores, transmitidas de um local na montanha e que refletem as tradições hebraicas de Moisés, o qual recebe os Dez Mandamentos também numa montanha.

Nesse sermão, Jesus parece basear-se igualmente na ideia de bênção e reformulá-la. Nas escrituras hebraicas, ser abençoado geralmente significava encher-se de potência vital (p. ex., fertilidade, virilidade) ou ser vitorioso

(p. ex., na guerra). É interessante, portanto, constatar que Mateus reformula tal conceito. Apesar disso, muitos dos assuntos presentes nesses escritos refletem um gênero literário da cultura hebraica chamado "literatura de sabedoria": a virtude da observância do luto (Eclesiastes 7:2-4), o senso de justiça (Provérbios 20:7), a misericórdia (Salmos 85:10), a pureza de sentimentos (Provérbios 22:11) e a paz (Salmos 34:14).

No "Sermão da Montanha", o Jesus de Mateus se refere duas vezes ao "reino dos céus", ao passo que, em Marcos, Jesus prefere a expressão "reino de Deus". Pode ser que Mateus houvesse adquirido o costume de grafar "céus", em vez de "Deus", por uma questão de simples reverência a Deus. Se for mesmo o caso, "céus" é apenas outra forma de dizer "Deus". Contudo, Mateus usa o termo "Deus" também no seu sermão. Em todo caso, os judeus do século 1 não tinham o mesmo conceito de céu das pessoas da era contemporânea.* É possível que Jesus não estivesse se referindo a um lugar para o qual as pessoas vão depois da morte. É mais provável que o Jesus de Mateus esteja preocupado com a ética da vida diária, que envolve riscos e recompensas no mundo real.

Enfim, o Evangelho de Mateus difere do de Marcos porque, nele, as atividades da vida pública de Jesus se destinam exclusivamente ao povo de Israel. Aliás, ele diz explicitamente a seus discípulos: "Não ireis aos gentios, nem entrareis em cidade de samaritanos, mas ide antes às ovelhas perdidas da casa de Israel" (Mateus 10:5-6). Apenas na parte final de Mateus, Jesus recomenda: "Portanto ide, fazei discípulos de todas as nações" (28:19). Em seu evangelho, Mateus se concentra exclusivamente no confrade Jesus; mas, pouco antes de partir, Jesus ordena que seus seguidores ampliem o alcance da sua missão.

---

* Provavelmente, eram muitas e diferentes entre si as formas pelas quais os judeus contemporâneos de Jesus viam a vida após a morte. Alguns acreditavam na ressurreição do corpo físico durante o julgamento final de Deus. Outros talvez acreditassem que a morte era simplesmente o fim. Por exemplo, o autor de Eclesiastes escreve: "Ora, para aquele que está na companhia dos vivos há esperança; porque melhor é o cão vivo do que o leão morto. Pois os vivos sabem que morrerão, mas os mortos não sabem coisa nenhuma; tampouco têm eles daí em diante recompensa; porque a sua memória ficou entregue ao esquecimento. Tanto o seu amor como o seu ódio e a sua inveja já pereceram; nem têm eles daí em diante parte para sempre em coisa alguma do que se faz debaixo do sol" (Eclesiastes 9:4-6).

Figura 9 *O Sermão da Montanha*, de Károly Ferenczy (1896): Este óleo sobre tela contém elementos do tema artístico do naturalismo. O artista pode ter desejado transmitir a ideia da invencível superioridade da natureza sobre a humanidade e, no caso, sobre a religião. É possível também que Ferenczy tenha assinalado na obra a incoerência entre os ensinamentos de Jesus e o cristianismo oficial, enfatizado pelo anacronismo dos trajes das pessoas reclinadas na paisagem e as pinceladas grosseiras do primeiro plano.

Infelizmente, no seu relato da vida de Jesus, Mateus também eleva o tom quanto às críticas contra outros líderes judeus. O Jesus de Mateus condena principalmente os fariseus, os escribas e os sacerdotes. Mateus enfatiza a colaboração de Judas com "Caifás", o sumo sacerdote apontado por ele em seus escritos como o homem responsável pela prisão de Jesus. A história de Jesus narrada por Mateus tem tido influência trágica nas relações judaico-cristãs. Mateus aumenta e abrilhanta a causticidade das críticas de Jesus a seus compatriotas. Esse discurso foi repetido inúmeras vezes ao longo da história do cristianismo para justificar a violência contra os judeus e o judaísmo. Por isso, muitos estudiosos acham que Mateus tinha intenções antissemitas (ver, principalmente, Mateus 23).

Por outro lado, vemos uma profunda contradição em Mateus, pois ele dá destaque a um Jesus que faz referências a patriarcas judeus, bem como a histórias e à cultura de pureza espiritual judaicas. Aliás, em Mateus, Jesus afirma:

Não penseis que vim destruir a lei ou os profetas; não vim destruir, mas cumprir. Porque em verdade vos digo que, até que o céu e a terra passem, de modo nenhum passará da lei a menor letra ou o menor traço, até que tudo seja cumprido. Qualquer, pois, que violar um destes mandamentos, por menor que seja, e assim ensinar aos homens, será chamado o menor no reino dos céus; aquele, porém, que os cumprir e ensinar será chamado grande no reino dos céus (Mateus 5:17-19).

Claro está, portanto, que o Jesus de Mateus era inequivocamente judeu e que foi retratado até como alguém ainda mais cumpridor da lei judaica do que seus compatriotas. É então lamentável o fato de que o relato de Mateus sobre a vida de Jesus tenha sido usado em prejuízo dos judeus e do judaísmo ao longo de toda a história.

JESUS EM LUCAS

O Evangelho de Lucas segue, de forma geral, a história relatada por Marcos (cronologia, enredo, principais personagens) e, ao mesmo tempo, amplia o esforço de Marcos para tornar Jesus mais compreendido por uma audiência não judaica. Nesses escritos também — assim como nos quatro evangelhos canônicos —, Lucas apresenta Jesus numa história escrita em grego. Lucas se interessa principalmente por pessoas de condição social humilde.

Lucas dá ênfase aos testemunhos de mulheres ligadas a Jesus, inclusive histórias sobre Maria (a mãe de Jesus) e Isabel (a parenta mais velha de Maria). E ambas as mulheres entoam louvores que prenunciam acontecimentos. Enquanto Jesus ainda se encontrava no seu útero, Maria canta:

A minha alma engrandece ao Senhor, e o meu espírito exulta em Deus, meu Salvador; porque atentou na condição humilde de sua serva. Desde agora, pois, todas as gerações me chamarão bem-aventurada, porque o Poderoso me fez grandes coisas. E santo é seu nome. E a sua misericórdia é de geração em geração sobre os que o temem. Com o seu braço manifestou poder; dissipou os que eram soberbos nos pensamentos de seus corações; depôs dos tronos os poderosos e elevou os humildes. Aos famintos encheu de bens, e despediu vazios os ricos. Auxiliou a Israel seu servo, lembrando-se de misericórdia; como falou a nossos pais, para com Abraão e a sua posteridade, para sempre (Lucas 1:46-55).

No louvor, Maria representa um tema de grande importância em Lucas. Em seu canto, ela fala da inversão de situações: os soberbos são dispersos; os poderosos são destronados; os ricos, privados de suas riquezas. Por outro lado, os humildes são exaltados. Isto prenuncia uma das políticas de Jesus na história: a preocupação com os pobres e a condenação dos ricos. Reflita agora sobre a versão de Lucas do "Sermão da Montanha" (em Lucas, ele é proferido numa planície, e não numa montanha):

Então, levantou os olhos para os discípulos e disse:

"Bem-aventurados vós, os pobres, porque vosso é o reino de Deus.

Bem-aventurados vós, que agora tendes fome, porque sereis fartos.

Bem-aventurados vós, que agora chorais, porque havereis de rir.

Bem-aventurados sereis quando os homens vos odiarem e quando vos expulsarem da sua companhia, e vos injuriarem, e rejeitarem o vosso nome, tido como indigno por causa do Filho do Homem.

Regozijai-vos nesse dia e exultai, porque eis que é grande o vosso galardão no céu; pois assim faziam os seus pais aos profetas.

Mas ai de vós que sois ricos, porque já recebestes a vossa consolação.

Ai de vós, os que agora estais fartos, porque tereis fome.

Ai de vós, os que agora rides, porque vos lamentareis e chorareis.

Ai de vós, quando todos os homens vos louvarem, porque assim faziam os seus pais aos falsos profetas" (Lucas 6:20-6).

Vemos muitas advertências semelhantes no "Sermão da Montanha" de Mateus. Mas observe também que as bênçãos são seguidas por uma série de maldições. A ideia de que os ricos/tranquilos e os pobres/aflitos sofrerão uma inversão de papéis nas suas vidas é importante para Jesus. Ela também se torna um componente de suma importância nas suas parábolas.

Outro elemento importantíssimo no relato que Lucas faz da vida do Mestre é a sua ligação com o "Espírito Santo". Lucas dá a impressão de que Jesus é inspirado pelo Espírito Santo a iniciar seu ministério público e levado ao deserto para ser tentado pelo Diabo. Jesus resiste a essas tentações, aparentemente superenergizado pelo Espírito Santo; é que "o poder do Espírito Santo estava com ele" (4:14). Na sinagoga da sua terra natal, Jesus proclama (enquanto lia Isaías): "O Espírito do Senhor está sobre mim, porquanto me ungiu para anunciar boas novas aos pobres" (4:18). Por isso, o Jesus de Lucas é incentivado, orientado e investido de poderes para realizar coisas notáveis com a presença especial do Senhor. Lucas se refere ao "Espírito Santo" com mais frequência do que os autores dos outros evangelhos, e esse é o tema fundamental deste evangelho — o Livro dos Atos dos Apóstolos.

JESUS EM JOÃO

O Evangelho de João começa poeticamente, apresentando a ideia de "Logos" (este vocábulo grego é traduzido às vezes como Verbo, ou Sabedoria). Jesus, como Logos, é retratado como um emissário divino que já existia desde o início dos tempos. Veja como João começa seus escritos:

> No princípio era o Verbo [Logos], e o Verbo estava com Deus, e o Verbo era Deus. Ele estava no princípio com Deus. Todas as coisas foram feitas por intermédio dele, e sem ele nada do que foi feito se fez. Nele estava a vida, e a vida era a luz dos homens. A luz resplandece nas trevas, e as trevas não prevaleceram contra ela (João 1:1-5).*

Nesta representação da vida de Jesus, o autor começa afirmando que o Verbo [ou seja, Jesus] "era Deus" e ajudou de alguma forma na criação divina de "todas as coisas". É um discurso ousado e enaltecedor. Talvez pareça uma coisa banal para os cristãos, mas é algo simplesmente incrível que se possa dizer a respeito de um homem mais conhecido por causa da sua crucificação no século 1. Portanto, João põe Jesus explicitamente acima dos seus contemporâneos e contra eles no início. Nessa narrativa da vida de Jesus, existe uma linha divisória entre os que compreendem a divindade de Jesus e os que não a compreendem. De acordo com João, o Verbo "estava no mundo, e o mundo foi feito por intermédio dele, e o mundo não o conheceu. Veio para o que era seu, e os seus não o receberam" (1:10-11). Esse flagrante contraste entre os que "veem a luz" e os que vivem "nas trevas" cria uma dicotomia de bom sujeito/mau sujeito no Evangelho

---

* Prosseguindo na leitura, fica claro que o "Verbo" é um ser humano em carne e osso chamado Jesus: "E o Verbo se fez carne, e habitou entre nós, e vimos a sua glória, a glória do unigênito do Pai, cheio de graça e de verdade. (João deu o testemunho dele e clamou, dizendo: 'Este é aquele de quem eu disse: O que vem depois de mim passou adiante de mim; porque antes de mim ele já existia.') E todos nós recebemos da sua plenitude, e graça sobre graça. Porque a lei foi dada por meio de Moisés; a graça e a verdade vieram por Jesus Cristo" (João 1:14-17).

de João. Os "judeus" em João (um grupo apresentado como um estereótipo genérico) são retratados de forma negativa em grande parte dos escritos.*

O Jesus de João provavelmente é enquadrado na categoria judaica da classificação de personagens bíblicos chamada "personificação da Sabedoria". Suponha que o conceito de sabedoria fosse representado por um único personagem com uma personalidade notável. Na literatura de sabedoria hebraica, esse personagem figura às vezes como companheiro de Deus: "Sabedoria" (compare Provérbios 8). O autor diz no texto que Jesus, na condição de "Verbo", já existia ao lado de Deus, juntamente com a Sabedoria, antes das obras da criação das quais participou como força criativa intermediária: "Ele estava no princípio com Deus. Todas as coisas foram feitas por intermédio dele, e sem ele nada do que foi feito se fez" (João 1:2). Em outra parte do relato de João, Jesus é retratado como alguém possuidor de poderes semelhantes aos do Criador. Jesus tem poder sobre as forças da natureza e consegue ressuscitar os mortos (João 6:16-21; 11:38-44). Realiza "sinais" (algo que poderíamos supor que sejam milagres) destinados a fazer com que as pessoas tenham fé (p. ex., João 2:1-11). E Jesus ensina também a verdade, demonstrando o caminho da sabedoria (p. ex., João 8:32). Dentro desse espírito de coisas, a cegueira e a visão são também tópicos de suma importância no Evangelho de João (p. ex., João 9).

Além desses temas dicotômicos que estabelecem contrastes marcantes, João faz também criativas observações sobre as tradições judaicas. Ele se vale de feriados e festas para frisar e revelar a divindade de Jesus. Por causa disso, os banquetes se tornam um elemento de grande importância na narrativa de João. As Bodas de Caná sinalizam o início da vida pública de Jesus (2:1-12). Somente em João, Jesus transforma água em vinho. Somente em João, vemos o famoso sermão de Jesus "Eu sou o pão da vida" (6:22-65). Nele, Jesus viaja com frequência e comemora os dias de festa da tradição judaica. Depois da ressurreição, Jesus ceia com os discípulos (21:12-15). Considerando seus escritos como um todo, está claro que João tem grande interesse em símbolos — a tal ponto que poderíamos dizer que João é uma biografia de Jesus estruturada em uma linguagem altamente simbólica.

---

* Comparar com bastante atenção, por exemplo, João 8 e 8:44.

Figura 10 *Bodas de Caná* (cerca de 1308): Esta têmpera de Duccio di Buoninsegna em painel de madeira mostra um Jesus jovem vertendo vinho de potes de água (ver João 2). Duccio se apoia nas rígidas bases da arte bizantina, mas acrescenta certo realismo ao seu trabalho. Isto influenciou grande parte da arte que surgiu em Siena, Toscana, nesse período.

João também acrescenta vários personagens a seus escritos que conhecemos apenas em seu evangelho. São muitas as ocasiões em que o narrador se refere ao "discípulo que Jesus amava" (p. ex., 13:23-5; 19:26-7; 20:2-10). Pode ser que o narrador tenha usado isso para se referir a si mesmo. Nesse caso, esse amado discípulo foi o autor que se incluiu na narrativa. O discípulo chamado Natanael é também mencionado apenas em João (1:47). O de João é o único evangelho a incluir a conversa de Jesus com Nicodemos (2:23-3:21). É nessa última conversa que vemos algumas das mais famosas palavras de Jesus:

> Porque Deus amou o mundo de tal maneira que deu o seu Filho unigênito, para que todo aquele que nele crê não pereça, mas tenha a vida eterna. Porque Deus enviou o seu Filho ao mundo, não para que julgasse o mundo, mas para que o mundo fosse salvo por ele (João 3:16).

O Jesus de João chama com frequência a atenção para si mesmo usando frases iniciadas por "Eu sou": "Eu sou o pão da vida" (6:48); "Eu sou a luz do mundo" (8:12); "Em verdade vos digo: eu sou a porta das ovelhas" (10:7); "Eu sou o bom pastor; o bom pastor dá a sua vida pelas ovelhas" (10:11); "Eu sou a ressurreição e a vida; quem crê em mim, ainda que morra, viverá" (11:25); "Eu sou o caminho, e a verdade, e a vida; ninguém vem ao Pai senão por mim" (14:6); "Eu sou a videira verdadeira, e meu Pai é o viticultor" (15:1). Dizem alguns que o Jesus sinóptico anuncia a vinda do reino de Deus, ao passo que o Jesus de João faz uma apresentação de si mesmo.

O Jesus Sinóptico Versus o Jesus de João

Mateus, Marcos e Lucas são chamados Evangelhos Sinópticos. Sinóptico significa "visto como um todo" ou "que proporciona uma visão geral". Uma leitura comparada desses evangelhos demonstra por que estudiosos acham que eles pertencem à mesma família de textos: são semelhantes (em grande parte) em cronologia, enredo e elementos-chave, além de reproduzirem mensagens com as mesmas palavras. O consenso entre os estudiosos é de que esses evangelhos têm uma espécie de parentesco literário. Talvez Mateus e Lucas não se conhecessem, mas copiaram, de forma autônoma, o Evangelho de Marcos, tido como o primeiro. Ou talvez Mateus tenha copiado Marcos e depois Lucas tenha resumido os escritos de ambos. De qualquer forma, a maioria dos especialistas está convicta de que esses evangelhos têm algum tipo de ligação entre si. Aliás, cerca de 90 por cento da narrativa de Marcos aparecem reproduzidas em ambos.

O Evangelho de João, por outro lado, parece diferente dos três primeiros no que se refere à cronologia, ao emprego de palavras, a elementos-chave etc. Já listei várias dessas diferenças. Mas é necessário dizer que os quatro evangelhos têm muito mais semelhanças entre si do que diferenças. Todos ligam Jesus a João Batista e o retratam como um professor judeu, pregador, debatedor, curandeiro e crítico dos líderes de Jerusalém. Os quatro evangelhos citam, fazem alusões às escrituras hebraicas e reproduzem trechos seus. Nos quatro, Jesus cria um grupo de discípulos e é traído por um deles, condenado à morte por Pôncio Pilatos, crucificado e ressuscitado.

Figura 11 *Livro de Kells* (cerca do ano 800): Esta página (fólio) é um exemplo de "iluminura" da arte cristã. Esta iluminura especial adorna um livro contendo os quatro evangelhos: Mateus, Marcos, Lucas e João. A cada um dos escritores foi atribuído um símbolo da arte medieval: Mateus é o homem; Marcos é o leão; Lucas é o boi; João é a águia.

Eis a seguir apenas alguns exemplos de quanto os escritos de João são diferentes dos constantes nos Evangelhos Sinópticos (Mateus, Marcos e Lucas). O Jesus de João não é exorcista. Embora este seja um elemento de suma importância nos Sinópticos, João nunca descreve um episódio de exorcismo.

O Evangelho de João não apresenta relato algum do batismo de Jesus por João Batista, nenhum caso de tentação pelo Demônio no deserto, nenhum ensinamento de bem-aventurança, nenhum "Pai-Nosso" e nenhuma menção à ascensão de Jesus aos céus. Em João, Jesus raramente usa a expressão "reino de Deus/do céu", enquanto, nos Sinópticos, é a designação da sua principal mensagem. A cronologia dos acontecimentos na vida de Jesus apresentada por João também é diferente. Por exemplo, Jesus realiza seu protesto nas dependências do Templo no início da história, e não na semana final, tal como descrito por Mateus, Marcos e Lucas. Além do mais, no Evangelho de João, o Nazareno faz muitas viagens a Jerusalém, ao passo que, nos Sinópticos, visita Jerusalém apenas uma vez. Em João, Jesus enche os discípulos dos dons do Espírito, insuflando-os neles.

Diatessarão de Taciano

Os Evangelhos de Mateus, Marcos, Lucas e João figuram lado a lado na Bíblia cristã. Mas nem sempre foi assim. Antes da existência de um cânon oficial das escrituras cristãs, diferentes congregações domésticas cristãs tinham que se contentar com o material de que dispunham em seus cultos e estudos. No século 2, muito poucas pessoas possuíam cópias dos quatro evangelhos. Taciano de Adiabena era uma exceção. Ele fez uma comparação dessa fonte quaternária de tradições religiosas e criou uma história unificada sobre os atos e a vida de Jesus com base nelas.

Essa harmonia unificada de Mateus, Marcos, Lucas e João é conhecida como *Diatessarão*. Este vocábulo, de origem grega, significa "por meio de quatro". Alguns propõem que ela foi redigida por volta do ano 170, na Síria, embora seja difícil determinar uma data precisa. A maior parte dessa espécie de retrato falado literário foi composta com uma reprodução exata das frases e expressões constantes nessa fonte quaternária de escritos religiosos.

A ideia de Taciano parece bastante simples: por que precisamos de quatro histórias parcialmente coincidentes, a maior parte delas redundante? Não seria melhor termos apenas um evangelho oficial? Acontece que existem dois problemas sérios — sabemos hoje — na tentativa de harmonização dos evangelhos.

Primeiro, nem sempre os evangelhos condizem uns com os outros quanto a certos detalhes. Deveríamos pôr um incidente decisivo envolvendo Jesus no início dos escritos (de João) ou no fim (dos Sinópticos)? Qual lista dos doze discípulos devemos usar? Quais são as palavras exatas da inscrição na parte superior da cruz de Jesus? Quantos foram testemunhas do túmulo vazio? Quem eram e em que ordem testemunharam o fato? Taciano decidiu utilizar o Evangelho de João como referência e, de modo geral, seguiu a cronologia do narrador (mas também se baseou, em parte, na de Mateus). Contudo, para eliminar discrepâncias e contradições entre os quatro evangelhos, ele deixou de fora cerca de 20 por cento do conteúdo total dos escritos dessas fontes.

Segundo, havia um desejo generalizado entre os membros da chamada "Igreja Apostólica" de preservar o testemunho dos Apóstolos. Afinal, um apóstolo era alguém designado como tal pelo próprio Jesus, ou uma pessoa com status de liderança dentro do cristianismo primitivo. Tendo-se a posse de um documento oficial de emissão atribuída a Pedro (documento que muitos supunham ter sido emitido por Marcos), ou a João (que muitos supunham ser o discípulo), era interessante porque podia fazer com que o leitor se sentisse espiritualmente como que a um só passo de distância de Jesus. Por isso, as pessoas conheciam Jesus Cristo por intermédio daqueles que ele conhecera pessoalmente e aos quais ele mesmo ensinara a pregar. Isto considerado, a ideia de fundir os primeiros relatos sobre Jesus num só corpo literário de doutrinas cristãs era desestimulante. Afinal, um evangelho oficial tinha que ostentar o nome de um líder famoso da primeira geração de cristãos para lhe conferir autoridade.

CONHEÇA ESTA PALAVRA: APOSTÓLICO

Apostólico é um adjetivo que se refere aos Apóstolos de Jesus (termo geralmente usado para designar quaisquer dos seus doze discípulos). A palavra grega *apostolos* significa delegatário ou alguém enviado em missão. No cristianismo, a ideia de sucessão apostólica é importante para manter uma ligação com os ensinamentos transmitidos pelos discípulos oficiais de Jesus. Aliás, este foi um critério fundamental para se determinar quais evangelhos deveriam ser incluídos na Bíblia. Geralmente, livros sem sólidas indicações de testemunhos apostólicos eram desprezados. Por isso, livros escritos em séculos posteriores, tais como os evangelhos de Judas, Maria e Gamaliel, foram considerados obras cujo conteúdo não procedia dos Apóstolos do século 1.

Mesmo assim, o *Diatessarão* foi visto como fonte confiável e continuou consagrado na Igreja siríaca até o século 5. Com o tempo, os quatro volumes do apostólico corpo doutrinário foram incluídos no cânon cristão como livros independentes. Porém, nos primeiros anos da história da Igreja, autores cristãos simplesmente faziam citações de Mateus na maioria dos seus escritos.

Embora seu esforço de harmonização dos evangelhos acabasse caindo no esquecimento, podemos observar um importante fato no trabalho de Taciano. Alguém percebeu — talvez pela primeira vez — que os antigos Apóstolos produziram quatro *diferentes* relatos da vida de Jesus que podiam ser comparados e contrapostos. Porém, o mais importante é que Taciano demonstra que a história de Jesus é grande demais para caber num único evangelho. No entanto, algo que Taciano deixou de fazer foi preservar essas dessemelhanças na forma de narrativas separadas. Desse modo, com sua rejeição do *Diatessarão* e sua validação dos quatro evangelhos, a Igreja adotou um Jesus de múltiplas faces, e não uma representação única e oficial do Mestre Nazareno.

O EVANGELHO DE TOMÉ

Segundo consta, o Evangelho de Tomé foi escrito por um discípulo de Jesus chamado Judas Tomé, o Gêmeo. Esta obra invalida o que poderíamos chamar de "evangelho". É uma coletânea de 114 ensinamentos de autoria atribuída a Jesus e que contém pouco conteúdo narrativo. Contudo, o mais impressionante é que ela não é sobre a paixão, a crucificação e a ressurreição de Jesus. Em suma, ela não pode ser classificada como uma biografia da vida pública de Jesus. Todavia, se pensarmos num evangelho como uma obra de literatura sobre Jesus, parece que o Evangelho de Tomé se encaixaria nessa categoria.

Que espécie de Jesus vemos nesse evangelho? As duas primeiras linhas do documento nos dão algumas pistas para sabermos a resposta:

Estes são os ensinamentos secretos expostos por Jesus, vivo, que Judas Tomé, o Gêmeo, registrou.

E ele disse: "Quem desvendar a interpretação destes ensinamentos não provará a morte."

A primeira pista aqui é a palavra "secretos". Dizem que Jesus transmitiu certos ensinamentos — os mais importantes deles — em caráter confidencial.

Seus ensinamentos mais importantes não são para todos. Além disso, se você é um cristão vivendo no século 2 e toma conhecimento de tais ensinamentos, não deveria ficar surpreso com o fato de nunca ter ouvido falar neles antes: no início, foram transmitidos em segredo. Portanto, não foram amplamente divulgados.

A segunda pista é a frase "Quem desvendar a interpretação". A linha introdutória atribuída a Jesus indica que esses seus ensinamentos precisariam ser interpretados. Por isso, ainda que por acaso ouça falar em um dos seus ensinamentos ocultos, não alimente a expectativa de que conseguirá entendê-los. Essa sabedoria oculta requer pesquisas e descobertas.

Existem alguns ensinamentos que coincidem com o que temos nos Evangelhos Sinópticos. Existem também alguns assuntos que coincidem: em prédicas sobre o "reino", parábolas da semeadura, discursos exprobatórios contra os fariseus etc. No Evangelho de Tomé, Jesus adora a frase: "Quem tem ouvidos de ouvir, ouça." Esta frase é reminiscente das palavras de Marcos 4:9: "Quem tem ouvidos para ouvir, ouça." Jesus, no versículo 26, diz: "Tu vês o cisco no olho de teu irmão, mas não vês a trave em teu próprio olho. Quando retirares a trave de teu olho, então verás claramente e poderás retirar o cisco do olho de teu irmão." Este ensinamento é reminiscente de Mateus 7:3: "E por que vês o argueiro no olho do teu irmão e não reparas na trave que está no teu olho?" Mas Tomé correlaciona este ensinamento da metáfora dos olhos a um ensinamento exclusivo: "Jesus disse: 'Ama teu irmão como à tua alma, protege-o como as pupilas de teus olhos'" (v. 25).

Propícios às intenções segredistas do Evangelho de Tomé, alguns dos ensinamentos de Jesus são de difícil compreensão, e outros, indecifráveis. Os ensinamentos dos versículos 109-112 são bons exemplos:

(109) Jesus disse: "O reino é como o homem que tinha um tesouro escondido em seu campo, sem saber. Após a morte, deixou o campo para seu filho. O filho nada sabia (a respeito do tesouro). Ele herdou o campo e o vendeu. E a pessoa que o comprou o achou quando arava a terra. Ela começou então a emprestar dinheiro a juros a quem quisesse."

(110) Jesus disse: "Aquele que conhecer o mundo e se enriquecer de seus valores que renuncie ao mundo."

(111) Jesus disse: "Os céus e a terra rolarão diante de vós. E aquele que vive do vivente não conhecerá a morte." Jesus não disse: "Quem descobriu o caminho é superior ao mundo?"

(112) Jesus disse: "Ai da carne que depende da alma; ai da alma que depende da carne."

O ensinamento 109 é difícil de interpretar. Estaria Jesus insinuando que o reino é encontrado por acaso? Ou que algumas pessoas teriam sua própria ignorância usada contra elas? Talvez estas sejam as consequências naturais da posse de conhecimentos secretos: a maioria das pessoas que os possuem simplesmente os ignora. O ensinamento 110 parece indicar que "conhecer o mundo" pode trazer riquezas, mas que riquezas mundanas devem ser rejeitadas. Isto parece condizer com o que Jesus ensinou a respeito de dinheiro em outra situação. Mas "o mundo" é descrito somente em termos negativos, talvez dando a entender que levar uma existência em bases totalmente espirituais pode ser melhor. O ensinamento 111 parece condizente com esta interpretação: quem "conhece a si mesmo" se mantém vigilante para com as coisas do mundo, que são temporais, e se opõe a elas. Já o ensinamento 112 condena explicitamente uma relação de dependência entre a carne e a alma. Este ensinamento indica a existência de uma crença cada vez maior entre os cristãos de que o mundo material é mau, criado por um ser maligno, mas que os puros de espírito e que adquirem o conhecimento certo podem vencer o mundo material.

A ideia de que o mundo físico é inferior (ou mau) provavelmente reflete as crenças da seita que criou essa coletânea. Ela não parece ter origem nos ensinamentos de Jesus. Contudo, é possível que a "essência" dos ensinamentos tenha sido preservada no Evangelho de Tomé. Algumas pessoas argumentam que tal evangelho contém uma seleção dos ensinamentos do cristianismo primitivo, que foi aumentando e chegou bastante ampliada ao século 2. Como uma bola de neve, acumulou mais e mais ensinamentos ao longo do tempo. Já outros ponderam que a coletânea é o produto do cristianismo posterior, que adaptou elementos dos evangelhos anteriores.

INÁCIO: JESUS, O PARADOXO

Inácio de Antioquia foi contemporâneo dos autores do Novo Testamento. As datas referentes à sua vida são discutíveis, mas, provavelmente, ele nasceu em meados dos anos 30 e morreu no início do século 2. É possível que tenha sido discípulo de João (o apóstolo). Nesse caso, Inácio foi discípulo de um discípulo de Jesus.

CONHEÇA ESTA PALAVRA: CARNE

Literalmente falando, carne é o tecido macio existente logo abaixo da pele. Para muitos dos primeiros cristãos, ela era também uma palavra teologicamente importante. Em grego, a palavra que designa carne é *sarx*, termo que pode significar, simplesmente, a materialidade do corpo humano. Por exemplo, João afirma, em 1:14, que o "Verbo se fez carne, e habitou entre nós". Já outros autores classificam a carne como algo que é o oposto do espírito: "Porque a carne luta contra o Espírito, e o Espírito contra a carne, e estes se opõem um ao outro, para que não façais o que quereis" (Gálatas 5:17). Nesse segundo sentido, a carne é a parte da psique humana que nos induz ao erro. Portanto, às vezes, a *sarx* pode ser virtuosa; em outras, pecaminosa.

Inácio escreveu várias cartas, mas nenhuma incluída no Novo Testamento. Em sua Carta aos Efésios, propõe uma metáfora para se entender a importância de Jesus. Inácio estava preocupado com a possibilidade de que a Igreja em Éfeso adotasse ingenuamente falsos ensinamentos sobre Jesus e repassa à Igreja instruções para que evite o contato com os que tentam induzi-la a fazer isso:

De fato, o próprio Onésimo louvava intensamente a vossa boa ordem em Deus, informando que todos viveis conforme a verdade, e que nenhuma dissidência tem morada entre vós, mas que nem ouvis a ninguém além de quem fala com verdade a respeito de Jesus Cristo. Pois alguns, com dolo perverso, têm o costume de portar o nome [de Jesus], mas praticando certas coisas indignas de Deus. É preciso que vós os eviteis como a feras. Pois são cães raivosos que mordem sem aviso. É preciso que vos mantenhais vigilantes contra eles, cujas mordidas são difíceis de curar. Há um só médico, que é ao mesmo tempo carne e espírito, criado e incriado, Deus no ser humano, vida verdadeira na morte, vindo tanto de Maria como de Deus: primeiramente, submetido a sofrimentos e, depois, livre e acima deles, Jesus Cristo, nosso Senhor (6.2–7.2).

Inácio usa a metáfora do "Cristo médico". Com isto, ele estabelece um contraste: os ensinamentos corretos de Jesus curam, enquanto os falsos ensinamentos ferem. Como Jesus era tido como famoso curandeiro, isto parece valer por um merecido aumento de sua fama.

E é surpreendente o que vem em seguida: "ao mesmo tempo carne e espírito, criado e incriado, Deus no ser humano, vida verdadeira na morte, vindo tanto de Maria como de Deus: primeiramente, submetido a sofrimentos e, depois, livre e acima deles." Inácio propõe uma série de aparentes contradições. Afinal, poderíamos questionar: *Como é possível alguém ser criado e incriado? Como pode alguém achar a vida verdadeira na morte?* Inácio lista, pois, uma série de aparentes contradições que são possíveis apenas em Jesus. Ele o apresenta como um mistério no qual o impossível se torna possível.

Elementos dessa ideia continuaram a existir em teologias mais sólidas em séculos subsequentes. A Igreja concluiria — após séculos de controvérsias — que Jesus foi ao mesmo tempo carne e espírito, nascido de Maria e de Deus. A visão dos fatos de Inácio é importante porque demonstra a precocidade com que, na existência da Igreja, essas ideias paradoxais sobre Jesus apareceram.

Conclusão

As primeiras histórias sobre Jesus — aliás, as consideradas históricas por seus autores — já eram teológicas, metafóricas e simbólicas. É o que se pode esperar de personalidades importantíssimas. Quando nós fazemos relatos sobre figuras históricas, procuramos compreender a sua influência na sociedade e projetamos o cunho das nossas interpretações nas suas vidas. Tentamos entender a vida de pessoas importantes coligando suas biografias a preocupações culturais maiores, a mitologias e a ideais alimentados pela maioria das pessoas.

Os seguidores de Jesus fizeram o melhor que puderam para associar suas palavras e seus feitos aos símbolos nacionais, às profecias e às narrativas de Israel. Portanto, se você tivesse conseguido perguntar a membros da primeira geração de cristãos por que Jesus era importante, provavelmente obteria uma resposta de caráter teológico: *Jesus é o pão da vida; Jesus é o ungido do Senhor; Jesus é o porta-voz de Deus na terra; Jesus foi ressuscitado e glorificado.*

Logicamente, surgiu uma série de ensinamentos teológicos sobre Jesus. Contadores de histórias entenderam o Mestre Nazareno de diferentes maneiras. Nos dois primeiros séculos da existência do cristianismo, à medida que congregações domésticas cristãs viram a necessidade de terem um corpo teológico oficial e homogêneo, certos relatos passaram a ser considerados confiáveis. Porém, analisada a questão retrospectivamente, vemos que temos de procurar entender as várias formas pelas quais a vida de Jesus foi transformada em histórias. Por si só, cada um dos textos antigos representa uma história importante. Eu diria que nós devemos resistir à tentação de forçar a fusão das várias narrativas do século 1 sobre Jesus numa única história. Por outro lado, cada história resulta, de alguma forma, da grande influência histórica de Jesus.

Cinco livros sobre Jesus na literatura do cristianismo primitivo

Burridge, R. A. *What Are the Gospels? A Comparison with Graeco-Roman Biography* (2ª ed.; The Biblical Resource Series; Grand Rapids: Eerdmans, 2004).

Green, J. B. *The Theology of the Gospel of Luke* (New Testament Theology; Cambridge: Cambridge University Press, 1995).

Hooker, M. D. *Not Ashamed of the Gospel: New Testament Interpretations of the Death of Christ* (Eugene: Wipf and Stock Publishers, 2004).

Reinhartz, A. *Befriending The Beloved Disciple: A Jewish Reading of the Gospel of John* (Londres: Bloomsbury Academic, 2002).

Snodgrass, K. R. *Stories with Intent: A Comprehensive Guide to the Parables of Jesus* (Grand Rapids: Eerdmans, 2008).

CAPÍTULO TRÊS

JESUS NA IMAGINAÇÃO PRÉ-MODERNA

"Ponha sua mente diante do espelho da eternidade."

Santa Clara de Assis

INTRODUÇÃO: AS MIL FACES DE JESUS

Do século 2 em diante, apareceram aos milhares obras literárias, representações visuais e postulados teológicos sobre Jesus. Sob muitos aspectos, a cambiante imagem de Jesus é a própria história da cristandade e da cultura ocidental, genericamente falando. A história sobre Jesus dá origem ao cristianismo, e este cria *novos tipos de Jesus* para servir aos seus objetivos.

O cristianismo começa na obscuridade. Roma só toma conhecimento da sua existência quando os cristãos ganham a fama de se recusarem a adorar os deuses romanos.* Afinal de contas, o número de cristãos e sua representatividade geográfica cresciam numa escala impressionante. Depois de breves períodos de perseguição, a situação do cristianismo voltou a se normalizar. O século 4 assistiu à pior perseguição cometida contra os cristãos, a vigorosos debates sobre questões teológicas e à incrível adoção do cristianismo por um imperador romano. Quer tenha sido por uma experiência religiosa pessoal, quer tenha feito isso para manobrar politicamente, o fato é que Constantino adota o cristianismo. Um século depois dos mais tenebrosos dias de perseguição, o cristianismo se torna a religião oficial do Império. Repetidas vezes,

---

* Ver, por exemplo, a carta do século 2 de Plínio, o Jovem, endereçada a Trajano, a que me referi na página 62.

dirigentes cristãos se reúnem formalmente para estabelecer um acordo regulamentar da doutrina. Os vencedores dos debates travados nessas ocasiões — alegando direitos de posse sobre uma presumida sucessão apostólica e defesa da ortodoxia — criam uma infraestrutura para o exercício de um poder religioso sem precedentes. Já os derrotados na disputa teológica são rotulados de hereges e marginalizados ou mortos. Com o tempo, o cristianismo rompe todos os laços com as suas origens judaicas. À medida que o cristianismo vai crescendo, o mundo se torna cada vez mais hostil ao estilo de vida judeu. O cristianismo sobrevive ao Império Romano. As falhas geológicas na teologia e na política prenunciam cismas profundos na Igreja. O Oriente e o Ocidente se divorciam no Grande Cisma (1054) entre a Igreja Católica Apostólica Ortodoxa e a Igreja Católica Apostólica Romana. Grandes exércitos de cristãos são organizados para combater os muçulmanos.

O cristianismo oficial produz algumas das maiores obras de arte e arquitetura que o mundo vira até então. Ele assistirá à invenção do amor romântico e o explorará, bem como ao advento da prensa de tipos móveis e da colonização global. Os cristãos provocarão milhares de catástrofes e inspirarão milhares de motivos de felicidade. E, em cada fase da sua existência, Jesus ganhará um novo rosto para atender aos objetivos dos tempos.

A cruz de Jesus servirá de consolo a cristãos perseguidos. Será também ostentada nos escudos dos cruzados. Na pintura, Jesus será retratado como um pastor modesto e um rei entronizado. Será representado em túnicas caras e delicadas, e quase nu em um número incontável de crucifixos. Flutuará acima dos discípulos e jazerá morto nos braços de Maria. Alguns argumentarão que Jesus era um fantasma; outros, que nunca defecou. Na visão dos artistas, Jesus se tornará uma figura cosmopolita, um romano e um europeu. Peças sobre a Paixão de Cristo encenadas nos palcos da Europa atiçarão as chamas de ódios antigos. Tanto que cristãos sairão dessas apresentações e incendiarão sinagogas em nome do Senhor. Jesus, filho de Maria, se tornará o precursor de Maomé. Os adeptos da ideologia do ascetismo e da religião celta se apossarão do seu vulto de figura religiosa. A efígie de Cristo passará a ser cunhada em moedas de ouro. Seu nome será usado para batizar catedrais. Jesus se tornará um modelo para São Francisco e Santa Clara, os quais passarão a levar uma vida simples e pacífica. Ele se tornará um cordeiro e um jumento.

Os principais elementos dessa parte da história cristã serão a sua expansão e a sua evolução. Será impossível acompanhar qualquer trajetória de desdobramento dos fatos a eles relacionados. Os efeitos ramificadores da expansão dificultam o mapeamento evolutivo de Jesus em todas as partes geográficas da cristandade emergente. Apesar disso, se quisermos entender como e por que a figura de Jesus assumiu diferentes formas nas homenagens prestadas a ele na Europa, teremos que traçar no papel alguns acontecimentos importantes na história do cristianismo. Para tanto, levemos em conta apenas alguns dos eventos de suma importância, comparando o fim do século 1 com o do século 2.

Do ano 100 ao 200, o cristianismo cresceu a partir de um movimento de raiz de gente simples. Algumas dessas pessoas, pouquíssimas na verdade, tinham certa instrução, mas quase nenhuma dispunha de riqueza suficiente para estudar teologia sem precisar contar com uma fonte de renda fundamental. Já no fim do século 2, organizar um corpo teológico-doutrinário consistente se tornou uma importante tarefa para muitas elites intelectuais.

Entre o anos 100 e 200, suprimiu-se o direito de mulheres ocuparem o cargo de dirigentes na Igreja. O Novo Testamento e outras fontes primevas indicam que muitas mulheres haviam sido respeitadas dirigentes no século 1. Nos últimos anos do século 2, porém, aparentemente o corpo de bispos, anciãos e diáconos da Igreja era constituído exclusivamente de homens.

Também do ano 100 ao 200, muitos cristãos começaram a imaginar que Jesus era um ser totalmente divino. A existência do seu corpo físico foi questionada. Talvez ele fosse um espírito apenas com a aparência de um corpo físico. Considerado desse ponto de vista, Jesus nunca deixava pegadas por onde passava, pois flutuava com os pés pouco acima do chão. Já os que defendiam a crença de que Jesus era exclusivamente humano se empenharam na eliminação dessa heresia. Mas, já no fim do século 2, havia grupos de cristãos que se recusavam a acreditar que Jesus fora totalmente humano. O resultado foi que muitas visões distintas nessa controvérsia levaram ao surgimento de várias imagens da figura de Jesus.

No Ocidente cristianizado, definir a importância de Jesus é, na maioria quase absoluta das vezes, um processo de definição do caráter coletivo dos seus próprios definidores. Jesus é uma ideia em evolução que acompanha os traços da cambiante identidade dos grupos que lhe prestam culto e homenagem.

CRISTO, NÃO JUDAÍSMO (CERCA DO SÉCULO 2)

Desde o início do pensamento cristão, definir Jesus sempre foi um processo de autodefinição. As primeiras igrejas domésticas de meados do século 1 se consideravam o "Corpo de Cristo". Jesus Cristo era a cabeça desse corpo. Paulo incentivava os cristãos a adotar uma nova identidade "em Cristo" (esta é uma expressão importante para ele) sempre que celebrassem o enterro e a ressurreição de Jesus. Mesmo assim, os primeiros seguidores de Jesus eram judeus. É possível que tenham repensado sua fidelidade religiosa para com o Templo de Jerusalém, mas não há prova de que se tornar membro do grupo fizesse com que a pessoa abandonasse o judaísmo.

Para esses cristãos, o fato de Jesus ser judeu era ponto pacífico. Talvez realizassem debates para saber se Jesus era ou não da linhagem de Davi, mas, quanto ao fato de ele ser judeu, disto ninguém duvidava. Aliás, alguns dos primeiros seguidores entre os gentios tentavam demonstrar sua aliança a um messias judeu por meio de sinais exteriores de judaísmo: circuncisão, alimentação etc. Paulo estava convicto de que o Corpo de Cristo não deveria se tornar um clube exclusivamente judeu. Ele nem desconfiava que, um século depois, o problema se inverteria. Já no ano 150, muitos cristãos rejeitavam abertamente quaisquer elementos do pensamento ou das práticas judaicas dentro do cristianismo. Essa mudança de situação deve ter sido algo impensável para Jesus, Maria, Pedro, João etc. Embora ainda ocorressem mútuas influências em várias comunidades judaicas e cristãs, o cristianismo estava se tornando um clube de portas abertas exclusivamente para gentios.

Muitos cristãos se empenhavam na tentativa de mostrar que o seu estilo de vida era diferente do estilo dos judeus (o qual começaram a chamar de "judaísmo"). Ser seguidor de Jesus significava abandonar todos os aspectos e práticas do modo de vida judaico. Na segunda metade do século 1, Inácio de Antioquia escreveu: "Se vivemos de acordo com o judaísmo, confessamos que não recebemos a graça... É algo monstruoso confessar Jesus Cristo e praticar o judaísmo" (Magnésios 8.1, 10.3).*

---

* É possível que Inácio estivesse se referindo não ao "judaísmo", mas a práticas judaizantes. Neste caso, isso seria uma condenação dos que incentivavam gentios a agirem como judeus ou do fato de eles mesmos fazerem isto.

CONHEÇA ESTA PALAVRA: DEMIURGO

O termo demiurgo provém da palavra *demiourgos*, um título que era usado para designar construtores de edifícios públicos no mundo de língua grega. Mas era uma palavra que também podia ter um significado teológico: o título era usado para nomear uma divindade criadora de mundos. Hierarquicamente inferior ao deus supremo, o demiurgo, ou "grande trabalhador", é aquele que deu forma e criou o mundo. Mas o demiurgo não tinha a habilidade para criar algo do nada; ele simplesmente engendrava suas criações com materiais preexistentes. Por isso, era tido como uma divindade construtora de segunda classe. Foi uma ideia que se popularizou entre os adeptos do platonismo e se tornou um prato cheio para discussões em alguns círculos do cristianismo primitivo.

Já no século 2, Marcião de Sinope foi acometido pela mesma preocupação.* Marcião era filho de um bispo, e uma pessoa influente entre dirigentes cristãos. Empenhou-se na tentativa de depurar o cristianismo de todos os elementos de natureza judaica. Sua primeira medida nesse sentido foi rotular o Deus das escrituras hebraicas (o "Velho Testamento") de demiurgo severo e perverso. Portanto, tentou criar uma Bíblia cristã pura, sem o Velho Testamento, com dez cartas de Paulo e uma versão do Evangelho de Lucas. O objetivo era eliminar óbvios atrativos existentes nas escrituras hebraicas, mas presentes também nos textos sagrados cristãos. Por isso, o Evangelho de Lucas foi editado para eliminar quaisquer citações óbvias das escrituras hebraicas. Surgiu assim um novo retrato de Jesus.

De acordo com Marcião, Jesus não era o messias judeu. Jesus era o Cristo. Ele era Deus. Jesus nada tinha a ver com o judaísmo. Marcião achava que o messias judeu viria depois, talvez com o objetivo de criar um reino para Israel. Mas Jesus não era esse messias. Esse tipo de assertiva deve ter sido incompreensível para a primeira geração de seguidores de Jesus, e muitos dos contemporâneos de Marcião se recusaram a aceitar tal ponto de vista.

---

* É difícil precisar a época em que Marcião viveu, mas parece que suas ideias se consolidaram no começo do século 1.

Outros líderes cristãos (incluindo Justino Mártir, Irineu, Ródon e Tertuliano) realizaram esforços consideráveis para combater os planos de Marcião. Eles lutariam pela inclusão da Torá, dos Profetas e dos Escritos (Ketuvim) na Bíblia cristã. Defendiam uma visão tradicional das origens de Jesus. Contudo, embora Marcião e seus seguidores sejam vistos como heréticos pela posteridade, os danos causados à imaginação cristã perdurariam. Jesus ficaria cada vez menos ligado ao judaísmo na mente dos cristãos.

O GRAFITE DE ALEXAMENOS (CERCA DO SÉCULO 2)

Numa das primeiras — talvez *a* primeira — remanescentes representações visuais de Jesus, ele é retratado com a cabeça de um jumento. Nós a chamamos de "Grafite de Alexamenos" porque foi registrada na forma de gravura em grafite para ridicularizar um cristão chamado Alexamenos.

É uma gravura que apresenta duas figuras: um homem embaixo e outro em cima (com uma cabeça de jumento) numa cruz em forma de T. A inscrição em grego significa o seguinte, em tradução livre: "Alexamenos adora seu deus." Ela não contém o nome Jesus; contudo, a gravura mostra um "deus" pregado na cruz. Quando foi feita (mais ou menos no século 2), Jesus era a única figura conhecida que, apesar de ter sido crucificada, era adorada como deus. Esse objeto arqueológico nos faz lembrar de quanto é estranha e singular essa combinação de acontecimentos! Independentemente de quem tenha sido Alexamenos — e dele apenas sabemos aquilo que o grafite procura transmitir —, parece que ele foi alvo de ironia: afinal, a crucificação deveria ser considerada algo absolutamente vexaminoso, mas Alexamenos parece reverenciar uma figura crucificada como se estivesse adorando a um deus.

O fato de esse deus ser representado com uma cabeça de jumento dá a entender grande desonra e enfatiza o absurdo desse ato de adoração. Ou talvez a cabeça do animal reflita simbolicamente os boatos que serviam para disseminar a ideia de que judeus e cristãos adoravam a imagem de um asno. (Tertuliano, intelectual cristão que escreveu no final do século 2 e início do século 3, reconhece que tais boatos existiam.) De qualquer forma, a imagem de um deus crucificado e com a cabeça de um jumento não era nem um pouco lisonjeira. Os que aceitaram Jesus após a sua morte abraçaram algo que Paulo, na sua primeira Carta aos Coríntios, chama acertadamente de "tolice para os gregos". Desde as humildes origens à popularidade em séculos posteriores, os cristãos tiveram que lidar com a vergonha associada à cruz. Talvez isto explique por que o símbolo da cruz se tornou motivo de orgulho. Provavelmente, cristãos como Alexamenos, dos quais zombavam por causa da sua ligação com Jesus, usavam tal instrumento de desonra como emblema de honra para se defenderem da ridicularização pública.

Figura 12 Grafite de Alexamenos, cerca do ano 200.

A gravura também confirma que homenagens a Jesus tendem a assumir formas simbólicas. Como figura histórica, Jesus é um homem que se parece com a maioria dos homens do século 1 no Mediterrâneo, mas envolto em simbolismo religioso na mente do povo. Por causa do seu legado, ele se torna um símbolo de ressurreição e divindade para os cristãos, mas um símbolo de tolice para outras pessoas.

VALENTINO E O JESUS EROTIZADO (ENTRE OS SÉCULOS 2 E 3)

Valentino (por volta dos anos 100-160) — talvez um discípulo de Teudas, por sua vez discípulo de Paulo — tem sido rotulado "gnóstico" na história do cristianismo. Portanto, analisando-se através das lentes do presente, Valentino representa uma forma de heresia cristã. Sua escola de pensamento subsistiu até, pelo menos, meados do século 4, tendo se expandido para o Oriente e o Ocidente.*

Ao que parece, Valentino não tinha quase nenhum interesse pela vida de Jesus como figura histórica e praticamente nada sabia a seu respeito nesse sentido. No pensamento valentiniano, Jesus se torna uma figura quase totalmente espiritual. Por exemplo, segundo consta, Valentino disse: "Jesus digeria coisas divinas; comia e bebia de uma forma especial, sem excretar fezes. Tinha uma capacidade de continência tão grande que, dentro dele, os alimentos não se corrompiam, pois não sabia o que era corrupção."** A hipótese de Valentino ter realmente dito isso ou não é menos importante do que aquilo que é revelado sobre as transformações pelas quais o legado de Jesus estava passando no século 2. A natureza humana de Jesus foi apequenada para que a sua divindade pudesse ser engrandecida. Isso representa um desvio do pensamento de Paulo: este acreditava que a natureza humana de Jesus era parte imanente da personalidade do Mestre Nazareno. Paulo (e João) enfatizava o aspecto do nascimento de Jesus "segundo a carne", mas, já na época de Valentino, alguns acreditavam que Jesus era de uma natureza tão espiritual que ele nunca fizera uma evacuação sequer.

Um dos escritos que surgiu dessa escola de pensamento foi o Evangelho de Filipe (composto entre os anos 180 e 250). Filipe transforma Jesus num representante de um sistema de pensamento críptico e simbólico. Cristãos seguidores de Valentino usavam uma linguagem exótica para que parecesse misteriosa a leigos. Aliás, nesses escritos o autor fala mais a respeito de Jesus em matéria de espiritualidade e simbolismo celestial do que sobre a vida do Mestre na Terra. É também um texto que espiritualiza a sexualidade e aventa a ideia de que Jesus e Maria Madalena eram íntimos.

---

* No contexto, "Oriente e Ocidente" se referem aos eixos de concentração e difusão do cristianismo da época nas regiões que formam agora a Turquia e a Itália.
** Citado por Clemente de Alexandria, *Stromata*, 3.59.3; cf. também *Miscelâneas*, 3.7.

CONHEÇA ESTA PALAVRA: LACUNA

Lacuna é um termo que significa espaço vazio ou parte ausente. No estudo de textos antigos, a lacuna pode ser uma carta, uma palavra ou um grupo de palavras faltantes num documento. Lacunas podem ser causadas por erosão, vermes, ratos, negligência etc. Por exemplo, no Evangelho de Filipe, o verso 59 está incompleto: "e […] companheiro […] de Maria Madalena […] costumava […] mais que os discípulos […] beijá-la […] vezes o restante." Estas lacunas no texto representam um desafio para tradutores modernos: porquanto temos não só que decifrar as melhores traduções do original em copta, mas também dar um jeito de suprir as palavras faltantes. A maioria dos tradutores interpreta o verso 59 desta forma: "Jesus a amava mais do que a todos os discípulos e costumava beijá-la na boca com frequência."

O Evangelho de Filipe nos conta que Maria Madalena era "amante" de Jesus. Embora esse versículo contenha várias lacunas e, portanto, seja difícil de traduzir, parece indicar que ele "a amava mais do que a todos os discípulos e costumava beijá-la na boca com frequência" (59). Logicamente, tal detalhe permite que o autor desenvolva o tema do ciúme. Tanto é que o discípulo questiona: "Por que o senhor a ama mais do que a todos nós?"* O problema de se interpretar isso de forma literalmente sexual é que o Evangelho de Filipe não é um tipo de documento feito ou tido para se tomar ao pé da letra. Aliás, uma das suas características excepcionais é o seu elitismo: somente os membros da elite do seu grupo fechado conseguiam entender o significado oculto das palavras usadas.

Os membros da escola de pensamento que criaram esse evangelho acreditavam ser impossível descrever a realidade com palavras. Para eles, as palavras "mãe, irmã e amor" (36) eram símbolos que transcendiam seu significado comum. Se tomássemos essas palavras no seu sentido literal, provavelmente o autor nos acusaria de sermos "indignos da vida", pois "as palavras com que designamos as realidades mundanas geram ilusões" (11). Mais elitista, impossível. Bart Ehrman explica que livros como o Evangelho de Filipe "são

---

* Algumas pessoas argumentam que "beija-lhe os pés com frequência" é uma tradução melhor. De fato, trata-se de um evangelho cheio de partes faltantes e, por isso, reconstruir esse trecho é dificílimo. Meus agradecimentos a Mark Goodacre por tal observação.

para os íntimos de um grupo, os quais — ao contrário de nós — já têm as informações essenciais de que precisam".* Realmente, nada nesse evangelho foi feito para ser levado ao pé da letra.

Por causa do gosto dos valentinianos por símbolos, mistérios e metáforas, é difícil dizer quanto do seu discurso sobre sexo representa algo de prático nesse sentido. Muitos estudiosos acham que os valentinianos falavam isso por falar — para eles, os seguidores de Valentino usavam metáforas envolvendo sexo para descrever seu êxtase espiritual. Já outros acreditam que o êxtase espiritual era alcançado com encenações. De qualquer forma, os escritos valentinianos revelam muito mais a respeito da sua singularíssima filosofia e muito pouco sobre a sexualidade de Jesus.

Com base nisso, considere a seguir uma plausível interpretação restauracionista da teologia valentiniana. Para explicar a forma pela qual um Deus extravagante cria um mundo diversificado, os valentinianos imaginaram que Deus Pai projetou seu pensamento e que este assumiu a forma de "Intelecto" (macho) e "Verdade" (fêmea). Em tal sistema teológico, o Intelecto e a Verdade não são apenas atributos de Deus; eles são personalidades autônomas. O Intelecto e a Verdade geram então outro casal de congêneres, que por sua vez gera outro e assim por diante. Cada um desses novos pares foi ficando mais e mais diferente de Deus Pai, mas todos existiam dentro da mente de Deus. Porém, o mais importante é que cada par era a união de um macho e uma fêmea. No entanto, uma das ínfimas divinas projeções era chamada de "Sabedoria". Ela se divorciou do companheiro e tentou obter conhecimento diretamente de Deus. Isto arruinou o harmonioso equilíbrio do cosmos, e foi essa mal-informada personalidade que criou o mundo material. Com relação a isso, o Evangelho de Filipe afirma o seguinte: "O mundo passou a existir por causa de um erro" (99). Os valentinianos acreditavam que o gênero sexual físico não é algo que demonstra a verdadeira natureza do gênero sexual coletivo da espécie humana. Eles acreditam que todos os espíritos humanos são femininos. Para eles, portanto, a humanidade é constituída de elementos femininos originários de congêneres masculinos (angélicos). Segundo essa visão das coisas, os seres humanos continuarão distantes da mente de Deus até que se unam a seu lado masculino e superior no fim dos tempos.

---

* Ehrman, B. D., *Lost Christianities: The Battles for Scripture and the Faiths We Never Knew* (Nova York: Oxford University Press, 2005), p. 122.

Para os valentinianos, o casamento espiritual entre macho e fêmea era uma forma de sanar a corrupção do mundo material. A união espiritual de Jesus com seu discípulo ideal é um símbolo de capital importância nesse sentido. Portanto, Jesus se torna uma forma de o indivíduo transcender o mundo físico e se tornar um ser pleno.

JESUS E UMA MULHER ACUSADA DE ADULTÉRIO (CERCA DO SÉCULO 3)

Abra a Bíblia no Novo Testamento, em João, capítulo 8. Ali, você verá uma história sobre uma mulher acusada de adultério. É uma história muito conhecida na atualidade, a respeito da conversa de Jesus com homens que queriam apedrejá-la, a inteligente advertência de Jesus acerca da leviandade de se julgar os outros e seu conselho dado à mulher que ele salvou da morte. Mas essa história nem sempre fez parte do Evangelho de João e, aliás, não existia em manuscritos anteriores. De fato, parece ter sido acrescentada ao evangelho por volta do século 3.* (Em séculos posteriores, a história foi inserida no Evangelho de Lucas.) Em João 8, ela começa assim:

> Mas Jesus foi para o Monte das Oliveiras. Pela manhã cedo, voltou ao templo. Todo o povo vinha ter com ele; e Jesus, sentando-se, o ensinava. Então, os escribas e fariseus trouxeram-lhe uma mulher apanhada em adultério; e, pondo-a no meio, disseram-lhe: "Mestre, esta mulher foi apanhada em flagrante adultério. Ora, Moisés nos ordena na lei que as tais sejam apedrejadas. Tu, pois, que dizes?" Isto diziam eles, tentando-o, para terem de que o acusar. Jesus, porém, inclinando-se, começou a escrever no chão com o dedo. Mas, como insistissem em perguntar-lhe, ergueu-se e disse-lhes: "Aquele dentre vós que está sem pecado seja o primeiro que lhe atire uma pedra." E, tornando a inclinar-se, escrevia na terra. Quando ouviram isso, foram saindo um a um, a começar pelos mais velhos; ficou só Jesus e a mulher ali em pé. Então, erguendo-se Jesus e não vendo a ninguém senão a mulher, perguntou-lhe: "Mulher, onde estão aqueles teus acusadores? Ninguém te condenou?" Respondeu ela: "Ninguém, Senhor." E disse-lhe Jesus: "Nem eu te condeno; vai-te, e não peques mais."

---

* Para informações completas sobre essa história, ver Keith, C., *The Pericope Adulterae, The Gospel of John, and the Literacy of Jesus.* (Leiden: Brill, 2009).

A história da mulher desconhecida acusada de adultério provavelmente não reflete um acontecimento histórico na vida de Jesus. Mesmo assim, contém uma importante lição sobre a necessidade de cautela quando se julga necessário punir alguém por seus supostos pecados. Portanto, parece refletir uma importante verdade sobre o caráter de Jesus e seus princípios éticos. Mas reflete também o que alguns cristãos dos séculos 2 e 3 pensavam de Jesus.

Em episódio semelhante aos presentes em histórias sobre Jesus nos evangelhos, outros líderes judeus põem o Mestre Nazareno diante de um dilema. Será que se mostrará fiel ao ensinamento de Moisés sobre adultério? Ou demonstrará compaixão (também outro importante ideal dos judeus)? É possível também que execuções sumárias dessa espécie fossem vetadas pelas leis romanas (p. ex., Roma proibia os judeus de aplicar pena de morte). Portanto, Jesus se depara com um intricado labirinto de expectativas sociais e realidades legais nessa história.

Jesus demora um pouco a dar resposta e continua a escrever no chão com o dedo. Mas depois responde (tal como o vemos fazer em outras partes dos evangelhos) com uma única frase, de maneira piedosa: "Aquele dentre vós que está sem pecado seja o primeiro que lhe atire uma pedra." Em seguida, não fala mais nada, mas continua a escrever no chão. O fato de que nenhum dos acusadores lhe lança uma pedra parece indicar que (1) eles tinham consciência do próprio pecado e (2) concordaram com a lógica de Jesus. Após breve troca de palavras com a mulher, Jesus a aconselha a não pecar mais e se recusa a condená-la.

Embora essa história tenha sido incluída no Evangelho de João somente depois, parece que combina bem com o caráter e os princípios morais de Jesus, tal como relatado em documentos do século 1. Porém, essa história tem uma característica única. Em nenhuma outra parte dos evangelhos vemos algo dizendo que Jesus sabe escrever. Aliás, Jesus é visto mais comumente como membro da classe trabalhadora de uma sociedade formada, em sua maioria, por pessoas analfabetas. Portanto, um relato dizendo que Jesus sabia escrever é algo notável. Chris Keith — especialista na questão da capacidade de leitura e escrita na antiguidade — explica:

> Muito provavelmente, [as palavras em] João 8:6, João 8:8 representam simplesmente a afirmação de que Jesus sabia escrever — um fato de considerável importância no mundo antigo, em que a maioria esmagadora das pessoas era analfabeta. Essa afirmação explica também por que um

escriba incluiu a passagem após João 7, na qual líderes judeus questionam especificamente a capacidade de ler e escrever de Jesus (João 7:15) e o conhecimento dos galileus acerca da lei e de sua capacidade de compulsá-la de uma forma geral (João 7:49, 7:52).*

Será que o status social de Jesus, como trabalhador braçal, continuou a ser motivo de constrangimento para alguns cristãos dos séculos 2 e 3? Pense nisso da seguinte forma: nascido de um movimento de origem popular entre pessoas de baixo status social, o cristianismo se transformou num sofisticado sistema teológico forjado por elites altamente instruídas. Talvez, à medida que a condição social dos cristãos foi melhorando, seus questionamentos (e respostas) relacionados com Jesus tenham acompanhado essa evolução. Por isso, vemos Jesus retratado como um intérprete altamente instruído da lei de Moisés, capaz de suplantar até os anciãos entre os escribas e os fariseus.

O Primeiro Concílio de Niceia (século 4)

Já no século 4, o cristianismo se tornara uma força social dentro do Império Romano. Muitos centros urbanos tinham congregações cristãs domésticas (supervisores ou bispos assumiam a liderança geográfica). Em razão do número crescente de cristãos, era impossível que todos os fiéis dessa ou daquela cidade conseguissem participar de cultos na mesma igreja. Esses pequenos salões simplesmente não comportavam. Várias dessas congregações tentavam mostrar-se solidárias compartilhando o mesmo pão da comunhão e orando pelos dirigentes de outras congregações cristãs. Mas era difícil pôr em prática o tema da união dos confrades — tão importante para Paulo —, mesmo dentro de uma única cidade. Na época, as comunidades eram sempre divididas com base na situação geográfica, no status social, na riqueza e na ideologia da sua população. Desse modo, qualquer coisa parecida com um sistema de crença universal se tornou extremamente difícil de preservar. Por exemplo, a maioria dos seguidores professava a "Autoridade" de Cristo, mas diversos cristãos tinham diferentes ideias sobre o que significava o termo "Senhor".

---

* Keith, C., *Manuscript History and John 8:1-11* [Online]. (www.bibleodyssey.org/passages/related-articles/Manuscript%20History%20and%20John.aspx). Society of Biblical Literature (Acesso em 29 de março de 2018).

No início do século 4, o imperador romano Diocleciano se convenceu de que o cristianismo era uma ameaça ao Império, tanto ideologicamente como na prática. Assim, proibiu os cristãos de se reunirem para realizar cultos. Igrejas foram queimadas, bem como seus textos sagrados. Diocleciano condenou publicamente cristãos proeminentes. Esse período representou a mais intensa forma de perseguição que os cristãos tinham visto até então. Muitas igrejas foram forçadas a fechar as portas, transferir-se para outro local, ou viram seus frequentadores passar a se reunir na clandestinidade, fato que agravou ainda mais o problema da livre comunicação entre membros e a compreensão universal entre os dirigentes de igrejas. Para um sistema de crenças que precisava de uma compreensão universal a respeito de Jesus Cristo — de quem era, da sua natureza e da sua importância —, a perseguição representou outro enorme obstáculo.

Mas chegou a era de Constantino (por volta de 272-337). Após uma complicada saída de Diocleciano do poder e uma ainda mais complicada ascensão de Constantino ao posto de imperador, o cristianismo foi transformado em religião oficial do Império (em 313).* Constantino queria paz dentro das fronteiras do Império e esperava conseguir isto com a uniformização de práticas religiosas. Ele adotou o cristianismo e criou, em 325, em Niceia, na Ásia Menor (região da atual Turquia), o primeiro Concílio Ecumênico de dirigentes cristãos.

Um dos temas mais relevantes discutidos no concílio foi a natureza de Cristo. Dois dos mais importantes participantes desse debate foram Alexandre e Ário (líderes religiosos em Alexandria, Egito). Eusébio de Nicomédia falou em nome dos partidários de Ariano no concílio, mas a controvérsia já existia desde antes do encontro oficial em Niceia.

Com citações e referências ao Evangelho de João e aos escritos de Justino Mártir e Orígenes, os participantes do debate usaram o termo "Logos" para se referir a Jesus, classificando-o como ser divino. Nas primeiras linhas do Evangelho de João, consta o seguinte:

---

* Uma exposição mais completa sobre esse período daria ao leitor detalhes sobre graves problemas econômicos e o lento fim da República. Diocleciano tentou instituir um novo sistema de governo — a Tetrarquia —, por meio do qual o Império, territorialmente maior na ocasião, foi governado por quatro imperadores. Quando Constantino subiu ao poder, governou a Bretanha, a Gália e a Espanha.

No princípio era o Verbo (Logos), e o Verbo estava com Deus, e o Verbo era Deus. Ele estava no princípio com Deus. Todas as coisas foram feitas por intermédio dele, e sem ele nada do que foi feito se fez.

Nesse contexto, a palavra grega Logos representa Jesus tal como existia quando Deus criou o mundo. Ambos os grupos concordaram que o Cristo já existia e estava ao lado de Deus durante a criação do mundo. E permitam-me acentuar: *ambos os lados do debate concordaram que Jesus existia antes de ele ter nascido.*

O principal ponto da discussão envolveu a questão da "igualdade": *O Logos era igual a Deus?* Em outras palavras: *Jesus Cristo existia antes da criação?* Os partidários de Alexandre responderam que sim. Os sectários de Ariano responderam que não. Na visão dos partidários de Ariano, o Cristo foi o primeiro ser criado por Deus. Esse ponto de vista — agora chamado de a controvérsia ariana — provocou conflitos de rua em Alexandria.

Figura 13 Alfa e ômega: Este mural do século 4 das Catacumbas de Comodila retrata a imagem de Jesus entre a primeira e a última letras do alfabeto grego, dando a entender que Jesus realmente existia no início dos tempos e que também estará presente no fim dos tempos. O artista reproduz, portanto, o dogma de que Jesus existia ao lado de Deus, o Criador.

Constantino, quando organizou o Concílio, não tinha como prever a virulência desse debate. Líderes de todas as partes do Império participaram do encontro. A maioria não tinha opinião formada acerca do tema do debate. Mas logo ficou claro que os partidários de Alexandre estavam furiosos com o assunto submetido a discussão. Assim, os antiarianos se prepararam para dividir a Igreja. Percebendo o risco da situação, a maioria resolveu criar uma crença que deixaria de fora os partidários de Ariano. O resultado disso foi o que se conhece agora como Credo Niceno:

Cremos em um só Deus, Pai Todo-Poderoso, criador de todas as coisas visíveis e invisíveis. E em um só Senhor Jesus Cristo, o Filho de Deus, gerado unigênito do Pai, isto é, da substância do Pai; Deus de Deus, Luz de Luz, Deus verdadeiro de Deus verdadeiro, gerado, não feito, consubstancial ao Pai; por quem foram feitas todas as coisas que estão no céu ou na terra. O qual por nós homens e para nossa salvação desceu, encarnou e se fez homem. Ele sofreu e ressuscitou no terceiro dia e subiu aos céus. Ele virá para julgar os vivos e os mortos.

E no Espírito Santo.

E quem quer que diga: "Houve um tempo em que o Filho de Deus não existia", ou "que antes que fosse gerado ele não existia", ou que "ele foi criado daquilo que não existia", ou que "ele é de uma substância" ou "essência diferente (do Pai)", ou "que ele é uma criatura", ou "sujeito a mudança" ou "transformação", todos os que falarem assim serão anatematizados pela Igreja Católica Apostólica.

Ário perdeu a discussão e acabou morrendo no exílio (embora seus seguidores tenham continuado a exercer influência). A Igreja de Constantino deliberou que Pai e Filho eram iguais. Isto foi uma vitória para os defensores do lema: "três pessoas, uma única essência". Assim, na doutrina oficial, o Filho de Deus não seria visto como um membro subalterno da Trindade. Agora, Jesus era oficialmente um ser eterno, que não tivera começo nem teria fim.

JESUS, O BOM PASTOR (CERCA DO SÉCULO 4)

Em algumas das primeiras imagens de Jesus, ele é retratado como um "Bom Pastor". Em muitos casos, são pinturas e estátuas que o representam carregando um cordeiro nos ombros e segurando o animal pelas patas. Esse tema reflete a mensagem do texto em João 10 de forma absolutamente direta, trecho em que Jesus chama a si mesmo de Bom Pastor. A figura do pastor é mencionada muitas vezes no Novo Testamento. Inúmeras passagens da Bíblia hebraica associam também o rei de Israel à imagem do bom pastor.

Mas, séculos antes das andanças de Jesus pela Terra, escultores gregos e romanos popularizaram essa imagem. Não surpreende, pois, que artistas cristãos tenham sido influenciados por expressões artísticas das culturas desses povos. Pode ser que o mito grego do *Crióforo* (um jovem carregando um carneiro salvou sua cidade) tenha tido alguma influência nisso, ou a escultura romana do *Moscóforo* (um jovem carregando um novilho, representando a ideia do fiel devoto). Para os artistas cristãos, Jesus se reveste de características parecidas.

Uma possível explicação para a popularidade dessa imagem entre os cristãos tem relação com o seu medo de perseguição, visto que uma representação mais óbvia de Jesus poderia torná-la alvo de mutilações ou destruição. Porém, como muitas vezes estátuas eram representações de meninos carregando animais, essa homenagem a Jesus poderia continuar ignorada em certa medida, ainda que exposta à vista de todos. Em todo caso, a fama de Jesus como Bom Pastor continuou para além do período de perseguição. Os autores dos mosaicos presentes nas páginas a seguir se inspiraram no mesmo tema muito depois de o cristianismo ter sido transformado em religião oficial do Estado, no ano 380.*

Essa imagem de Jesus continua onipresente nas manifestações populares de arte cristã. Vale considerar, todavia, que em nenhuma parte da Bíblia Jesus realmente aparece pegando e carregando um cordeiro.

---

* O cristianismo foi legalizado por Constantino várias décadas antes, mas somente se tornou religião oficial do Estado no fim do século 4.

Figura 14 Escultura do Moscóforo (cerca de 570 a.C.): Esta escultura de um homem carregando um novilho nos ombros foi encontrada em escavações arqueológicas feitas na Acrópole de Atenas.

Figura 15 Mural do Bom Pastor: Este mural com a imagem de Cristo nas Catacumbas de Priscila, em Roma, pode remontar a nada menos que o século 3. Observe que Jesus está sem barba e sem túnicas delicadas (acessórios que ganharam status sagrado em manifestações de arte cristã posteriores). O conceito de Bom Pastor é um dos primeiros e mais populares temas das representações de Jesus na arte cristã.

Figura 16 Mosaico de Jesus, o Bom Pastor (cerca do ano 450) no interior do Mausoléu de Gala Placídia: Ela governou como rainha regente do seu filho e, com isto, exerceu todas as obrigações de uma imperatriz romana, de 423 a 437. Jesus é retratado com traços fisionômicos e vestimentas romanas que evidenciam grande riqueza, embora preservando o humilde ofício de pastor. A auréola dourada que traz na cabeça acentua seu status de entidade celestial.

AGOSTINHO SOBRE A QUESTÃO DA TRINDADE (SÉCULO 5)

Agostinho de Hipona (cerca dos anos 354-430) foi teólogo e bispo de uma província romana do Norte da África. Seria difícil exagerar a importância da sua influência na religião e na filosofia ocidentais. Seus escritos tratam de assuntos relacionados à cosmologia, epistemologia, política, ética e antropologia (só para citar alguns exemplos). Mas ele é mais conhecido pela influência que teve sobre a teologia cristã.

Uma das palavras mais importantes no vocabulário cristão é "Trindade". Os cristãos acreditam (a maioria deles) que Jesus é ao mesmo tempo "Filho de Deus" e Deus. Como Deus, Jesus está íntima e integralmente ligado a Deus como "Pai" e a Deus como "Espírito". Jesus é frequentemente chamado de "Filho", "Logos" ou "Segunda Pessoa" da Trindade. Por isso, costuma-se dizer que Deus é triuno (*tri* = três; *unus* = um). Mas a palavra Trindade não consta na Bíblia.

Inácio de Antioquia, Justino, Tertuliano de Cartago e outros dos primeiros eruditos cristãos fazem afirmações categóricas da natureza triuna de Deus. Tertuliano, por exemplo, interpreta o Evangelho de João pelas lentes de um trinitário: Jesus afirma: "O Pai e eu somos um" (João 10:30). Tertuliano, referindo-se ao Pai, ao Filho e ao Paráclito (Espírito Santo), diz em seus escritos que "os três são uma essência una, e não uma única pessoa, no sentido mesmo, portanto, em que foi dito 'Eu e o Pai somos um', ou seja, com relação à unicidade de essência, e não à singularidade numérica" (*Contra Práxeas*, 25). Não eram raros, entre os primeiros intérpretes da Bíblia, os que aceitavam o dogma da natureza triuna de Deus, ainda que no texto em si nada houvesse que deixasse explícito esse ponto doutrinário. Vários trechos do Novo Testamento dão a entender que as metáforas de Pai, Filho e Espírito podem ser aplicadas a Deus. Mas a ideia ainda estava germinando quando os autores do Novo Testamento o estavam escrevendo. Provavelmente, tal dogma só ganhou força de fato com Gregório de Nazianzo, no século 4, e com Agostinho de Hipona, no início do século 5.

CONHEÇA ESTA PALAVRA: BATISMO

O termo batismo provém da palavra grega *baptismos*, que significa imersão ou limpeza ritualística. O cristianismo primitivo adaptou esse ritual de purificação judeu e o transformou num rito de iniciação. Nas práticas religiosas cristãs, o batismo é um ritual sagrado que envolve o uso de água (aspergindo-se o líquido na cabeça do neófito ou submetendo-o a submersão em tanque com água), pelo qual recém--conversos se tornam unos com o Cristo e a Igreja. O principal valor simbólico do batismo é a semelhança com o sepultamento e a ressurreição. Para demonstrar solidariedade a Jesus, que foi enterrado e ressuscitou dentre os mortos, os cristãos participam então de uma morte e uma ressurreição simbólicas. Na doutrina católica, isso é chamado de "primeiro sacramento" e representa simbolicamente a porta de ingresso na religião cristã. Muitas denominações religiosas dentro do cristianismo usam o batismo como metáfora do despertar espiritual, por meio do qual a presença do Espírito Santo de Deus é mais intensamente sentida.

Em seu *Sobre a Trindade*, obra composta de quinze partes, Agostinho tenta explicar a natureza triuna de Deus: *Como é possível que muitos (três) consigam formar uma única essência?* E também de igual importância para Agostinho é a seguinte questão: *Como a humanidade participa da unicidade de Deus?* Para explicar isso, ele lança mão da pessoa de Jesus e de uma coletânea de ensinamentos.

De acordo com o autor, é por causa do pecado que a humanidade costuma discordar. Deus, por outro lado, pode ser considerado a suprema harmonia. Diz ele em seus escritos: "Por causa da perversidade e da impiedade de uma discórdia absoluta, havíamos nos afastado do verdadeiro e supremo Deus, tendo nos dissipado em muitos, divididos por muitas coisas e apegados a muitas outras." Não apenas os seres humanos estão desarmonizados com Deus, como também uns com os outros. Contudo, por intermédio do Cristo, argumenta Agostinho, o discordante se torna um todo unitário. Cristo, uno com Deus, atrai também a humanidade para essa unicidade. Da mesma forma, quando fiéis celebram a morte e a ressurreição de Jesus no ritual do batismo, ascendem "com ele, em espírito, pela fé". Isso faz com que a humanidade se una e seja atraída para Deus, de modo que "consigamos nos coligar uns aos outros, viver como um todo unificado e permanecer unos para sempre (*Sobre a Trindade* 4.11).

Mais uma vez, Agostinho lança mão da afirmação de Jesus de que "O Pai e eu somos um" (João 10:30). Ele se vale também de João 17:20-2, em que Jesus pede a Deus em oração: "E rogo não somente por estes, mas também por aqueles que pela sua palavra hão de crer em mim; para que todos sejam um; assim como tu, ó Pai, és em mim, e eu em ti, que também eles sejam um em nós." Para Agostinho, a harmonia na humanidade é possível porque Deus (os muitos que são um só) torna isso possível (*Sobre a Trindade* 4.12). Porquanto tal é a natureza de um Deus generoso e compassivo.

No décimo quinto capítulo da obra, Agostinho diz o seguinte:

> Falamos bastante a respeito do Pai e do Filho até agora, de acordo com o que nos foi dado ver neste espelho e neste enigma. Agora, precisamos discorrer sobre o Espírito Santo, à medida que nos seja permitido vê-lo com a ajuda de Deus. De acordo com as sagradas escrituras, esse Espírito Santo não é da parte do Pai somente, tampouco apenas da parte do Filho, mas de ambos e, desse modo, ele nos fornece uma ideia da caridade [ou virtude] mútua pela qual o Pai e o Filho amam um ao outro (*Sobre a Trindade* 15.27).

Em certo sentido, a Trindade é um modelo de amor fraterno. Com seu trabalho para explicar a natureza da Trindade, Agostinho ensina à Igreja como se relacionar com Deus. Essa proposição parte do pressuposto de que Deus, basicamente falando, é um ser sociável, assim como a humanidade.

O Evangelho de Gamaliel (cerca do século 5)

Desde os tempos do primeiro evangelho, o de Marcos, publicado no século 1, circulavam histórias sobre Jesus (ou de conteúdos espuriamente relacionados à religião cristã) com o rótulo de "evangelhos". Muitos desses supostos evangelhos dão a entender que são provenientes de testemunhas oculares da vida de Jesus. Dizem que uma dessas histórias, surgida no século 5 ou 6, reflete a visão do rabino Gamaliel. Atualmente, estudiosos chamam essa obra de Evangelho de Gamaliel, mas, na literatura da antiguidade, nunca recebeu tal denominação. A obra sobreviveu sob a veste de vários idiomas, incluindo o árabe e o etíope. A versão mais completa desse pequeno relato consta do evangelho em etíope (na forma de escritos intitulados *Lamento da Virgem*), mas parece que foi escrita originalmente em copta. A principal mensagem dessa história é a de que Jesus ressuscitou de fato, apesar dos esforços dos "judeus" em apresentar o corpo de outra pessoa e, assim, enganar Pilatos. Em suma, é uma história de base restauracionista, em que o autor usou um pseudônimo com o objetivo de promover a doutrina cristã e o dogma antijudaico.

O narrador afirma ser uma testemunha ocular e se expressa na primeira pessoa: "Eu, Gamaliel, acompanhei as multidões e testemunhei tudo o que aconteceu no túmulo do meu Senhor Jesus, bem como a grande batalha que Pilatos travou com os sumos sacerdotes."* Portanto, o autor usa o nome do rabino do século 1 mencionado em Atos 5:34 e 22:3, e em *Rosh Hashaná* 2:8-9 da Mishná (em algumas tradições judaicas, é chamado de "Gamaliel, o Ancião"). Mas, no Evangelho de Gamaliel, ele chama Jesus textualmente de "meu Senhor". Além disso, opõe-se aos outros líderes judeus que tentam fazer crer que Jesus não ressuscitou. Por isso, Gamaliel se torna um intérprete da doutrina cristã.

---

* Todas as citações desse texto foram adaptadas de Mingana, A. (trad.), "Lament of the Virgin" e "Martyrdom of Pilate", *Woodbrooke Studies*, 2, 1928.

Pôncio Pilatos, o governador romano da Judeia, homem que ordenou a crucificação de Jesus, se torna um personagem de vital importância nessa história. Pilatos é retratado também como professante da doutrina cristã. A "grande batalha que Pilatos travou" nesse evangelho se resume à afirmação de que ele interrogou os centuriões que alegaram que o corpo de Jesus tinha sido roubado. Como acha contraditório o testemunho deles, o próprio Pilatos vai ao túmulo. Lá, descobre que "os judeus" haviam tirado as roupas mortuárias (ou a mortalha) de Jesus, vestindo-as no corpo de um ladrão que fora crucificado ao lado do Mestre Nazareno. Portanto, o corpo de Jesus não estava no túmulo, de acordo com o evangelho.

Depois, Pilatos se lembra de uma afirmação de Jesus que não existe nos quatro evangelhos canônicos.* De acordo com o Evangelho de Gamaliel, Jesus afirmou que "os mortos ressuscitarão do [meu] túmulo". Pilatos acredita nisto e recita estas palavras em forma de prece diante do túmulo de Jesus:

> Vim aqui hoje para lhe fazer uma súplica, Ó Senhor Jesus. O senhor é a ressurreição e a vida, aquele que dá vida a todos e até aos mortos. Acredito que o senhor ressuscitou, já que apareceu para mim. Não me julgue, Ó Meu Senhor, por estar fazendo isto. Não o fiz por medo dos judeus, tampouco para ver se o senhor ressuscitou mesmo. Ó Meu Senhor, confio em suas palavras e nos milagres que realizou. O senhor continua vivo porque ressuscitou muitos mortos. E, Ó Meu Senhor, não fique irritado comigo por eu ter posto o corpo de um estranho no lugar em que jazia o seu. Fiz isso para envergonhar e confundir os que negam a sua ressurreição. A eles cabem vergonha e confusão para todo o sempre, e o senhor merece glória e honras da boca de seu servo Pilatos por toda a eternidade.

Nessa ficção histórica, Pilatos revela com eficiência aquilo em que cristãos ortodoxos do século 5 acreditavam acerca da ressurreição de Jesus. E tal crença pouco difere da que se poderia esperar de cristãos do século 1. A principal diferença é que, agora, essas palavras de fé estão saindo da boca de um

---

* Estudiosos classificam declarações desse tipo como "ágrafas", palavra que significa "não escrito".

governador romano. Mas ficamos imaginando se essa "conversão" de Pilatos não é um anacronismo diante do então recém-arquitetado casamento do governo romano com a religião cristã. Afinal de contas, o cristianismo pós--constantino que criou essa história de fundo revisionista não era inimigo do Império Romano. Por isso, Pilatos foi absolvido da sua participação na execução de Jesus, mas os judeus continuam a ser demonizados.

Figura 17 *O que É a Verdade?* (1890, óleo sobre tela), do pintor realista russo Nikolai Ge: É a famosa pergunta feita por Pilatos a Jesus em João 18:38. Ge disse certa vez que a finalidade do artista era "descobrir o próprio pensamento, o próprio senti-mento, no Eterno; a verdade é, com certeza, a missão da arte". Considerando-se o uso de efeitos luminosos que o artista faz — pondo o iluminado Pilatos em marcante contraste com um Jesus sombrio —, é possível que Ge visse Pilatos como um exemplo da busca da verdade.

Depois que Pilatos ora diante do túmulo de Jesus, ocorre outro milagre. O corpo usado na trama evangélica para acobertar o episódio da ressurreição — o corpo do ladrão vestido com as roupas mortuárias de Jesus — volta a viver.

E Pilatos grita jubilosamente, em razão da imensa alegria e felicidade que lhe enchem a alma e o coração, de forma tão intensa que as rochas ecoam sua voz. E depois ordena às pessoas próximas que tirem a pedra da entrada do túmulo, e imediatamente o homem morto sai de lá caminhando e saúda Pilatos, o governador, com uma vênia. Quanto aos judeus que estão ali presentes, são tomados de pânico, vergonha e confusão, e deixam o local correndo, queixando-se no íntimo por medo do governador.

Pilatos ordena que seus soldados matem os judeus a golpes de espada. Após a violência (que refletiu e foi o prenúncio de uma longa história de hostilidades dos cristãos contra os judeus), Pilatos fala com o ladrão ressuscitado. O homem repassa a Pilatos outra mensagem de Jesus: "Diga a meu amado Pilatos que lute pela [legitimação da] minha ressurreição, pois decidi conceder-lhe um lugar no Paraíso."

Essa imagem de Pilatos é muito interessante por causa do importante papel que desempenha no Credo dos Apóstolos (cujas origens, em sua forma integral, alguns afirmam remontar ao século 5). É famosa a frase do Credo dos Apóstolos em que se afirma que Jesus "sofreu sob o governo de Pilatos". Terá essa afirmação levado alguns cristãos a romancear a reconciliação de Pilatos no fim de tudo? Em todo caso, o Evangelho de Gamaliel apresenta uma edição revisionista do episódio da Paixão de Cristo favorável à ortodoxia doutrinária e aos romanos. Com isso, vemos também um crescimento do ódio dos cristãos romanos aos judeus.* Por fim, esse texto não apresenta nenhuma evidência de que existira nos quatro primeiros (ou talvez cinco) séculos do cristianismo. Ele claramente reflete os objetivos políticos de uma religião pós-Constantino.

YESHU NO TALMUDE (CERCA DO SÉCULO 5)

O Talmude é uma das várias coletâneas do pensamento rabínico. Por via de regra, os rabinos judeus medievais discutiam inúmeros aspectos da vida judaica, comentavam sobre o ensino da lei, interpretavam histórias antigas e

---

* Mais adiante no texto, Pilatos é perseguido e martirizado pelos "judeus", mas continua fiel às suas convicções e espera se encontrar com Jesus no Paraíso.

realizavam debates sobre todas essas coisas. O Talmude é composto por duas partes principais — a de Jerusalém e a da Babilônia —, as quais reúnem séculos de conversações entre judeus e de interpretações das tradições judaicas. É importante considerar que tentar localizar qualquer referência a Jesus na literatura judaica é como tentar encontrar agulha no palheiro. De modo geral, esses rabinos evitavam tratar do assunto. Contudo, podemos achar nelas, sim, umas poucas menções a um tal "Yeshu" (a forma do nome hebraico de Jesus). Logicamente, esse nome deve ter sido tão comum quanto Joshua. Mas, considerando as frequentes perseguições cristãs aos judeus nesse período, esses textos podem representar uma retaliação.

CONHEÇA ESTA PALAVRA: MEDIEVAL

Medieval é um termo originário da palavra latina *medius*, que significa "meio". A expressão "período medieval" é usada como sinônimo de "Idade Média". O contexto geral desse período vai do fim do Império Romano do Ocidente, em 476, ao início da Renascença, em meados de 1300. Essa denominação temporal se refere especificamente à história da Europa. É uma palavra não só eurocêntrica, mas também cristocêntrica, já que o período em questão é visto apenas como "intermediário" se partirmos do pressuposto de que Jesus significou o início de uma nova era. Do ponto de vista do cristão europeu do começo do século 19, o período entre os séculos 5 e 14 parece representar os meados de uma época.

Nas situações em que, de fato, os rabinos se referem a Jesus em seus escritos, essa referência consta apenas na forma de vilipêndio. Assim, em contraste com as nobilitantes e reverenciosas afirmações dos cristãos a respeito de Jesus, "Yeshu" aparece ora como idiota, ora como um falso professor. Ele estudou magia no Egito. Yeshu era um charlatão: "Yeshu praticou magia, enganou e levou Israel para o mau caminho" (b. Sanhedrin 107b). Outro texto assinala que, por causa dos falsos ensinamentos, "será apedrejado [executado] por prática de magia e por desencaminhar Israel" (b. Sanhedrin 43a). É possível que "desencaminhar Israel" seja uma referência a doutrinas cristãs que os rabinos consideravam um instrumento para promover apostasia (a situação da pessoa que abandona ou abandonou uma religião ou comunidade religiosa). O rótulo de "mago" talvez fosse usado como insulto. Afinal, a palavra magia era geralmente empregada para se referir a estranhas proezas realizadas por um estrangeiro, supostamente se valendo de poderes demoníacos ou desconhecidos. Algo que, segundo os textos, contribuiu para reforçar esse mito foi que Yeshu incorporou (tatuou?) na própria carne o que aprendera no Egito.

Mas é difícil montar um quadro coerente de Jesus com base na literatura judaica. Diferentes exposições de vários rabinos de muitas gerações nos fornecem apenas uns poucos e vagos exemplos de insultos. Quando combinados, obtemos pouco mais que um punhado de peças de um quebra-cabeça. O rabino Michael Cook, professor do Hebrew Union College, explica: "Algumas passagens que não eram originalmente a respeito de Jesus acabaram sendo interpretadas como tais... Mais do que qualquer outra coisa, o Jesus a que os rabinos reagiram não foi o homem histórico, mas a remodelação que os evangelhos fizeram dele."* O Talmude cria confusão também com relação à mãe de Jesus, aceita pela doutrina cristã como Maria. Mas, afinal, Jesus foi mesmo filho de Pandera ou de Stada? Essas personagens são desconhecidas na história do cristianismo. A identidade de Maria é alvo de confusões também. O nome verdadeiro de Maria era Stada? Ou Maria Madalena? No entanto, Peter Schäfer conclui acertadamente que, apesar dessa confusão em torno de nomes, os diversificados textos do Talmude assinalam que a mãe de Yeshu tinha ao mesmo tempo marido e um amante.**

Para fins de argumentação, suponhamos por um momento que esses rabinos pretendessem esclarecer as coisas com relação a Jesus: *O que essas observações sobre Yeshu revelariam a respeito de Jesus?* Primeiro, que a afirmação de que o tempo passado por Jesus no Egito talvez proviesse de uma dedução feita com base no Evangelho de Mateus. Em Mateus 2:13-23, o autor assinala que a família de Jesus fugiu para o Egito para escapar das intenções assassinas de Herodes. Além disto, Mateus não nos conta quanto tempo a família permaneceu refugiada no Egito. Segundo, que a afirmação sobre as práticas de uma magia estranha talvez se origine do trecho sobre os acusadores de Jesus em

---

* Cook, M. J., *Modern Jews Engage the New Testament: Enhancing Jewish Well-Being in a Christian Environment* (Woodstock: Jewish Lights, 2008), p. 15.
** Schäfer, P., *Jesus in the Talmud* (Princeton: Princeton University Press, 2007), pp. 15-19.

Mateus 12:27. Eles acusam Jesus de expulsar demônios usando o poder de Belzebu (uma divindade cananeia). Terceiro, que a afirmação de que Jesus era filho bastardo talvez derive do fato de Mateus ter relatado que Maria engravidou por meio divino. É bem possível que esses rabinos tenham rejeitado tal ideia e apresentado uma explicação mais plausível do estranho nascimento de Yeshu. Portanto, provavelmente esses textos do Talmude se destinam a refutar as afirmações feitas no Evangelho de Mateus.

A Vida de Jesus Representada nas Artes (cerca do século 5)

Nos exemplos de manifestações artísticas do cristianismo primitivo estudados neste capítulo, Jesus ganha uma forma simbólica. Em vez de retratarem o homem em si, os artistas representam Jesus por metáforas (p. ex., um jovem pastor). À medida que o cristianismo vai se expandindo e os cristãos enriquecendo, começam a surgir retratos mais explícitos e biográficos. Cenas de histórias bíblicas se tornam temas de arte. Tal novidade se estenderia por séculos de manifestações artísticas e elevaria alguns dos grandes mestres da história da arte ao cume da glória.

Um dos primeiros exemplos de ilustração biográfica da vida de Jesus é o painel bizantino do século 5 em marfim (pág. 118). Ele representa três cenas dos evangelhos: o assassinato de crianças ordenado por Herodes (Mateus 2); o batismo de Jesus por João Batista (Mateus 3 e correspondentes); e a transformação de água em vinho operada por Jesus (João 2).

Observe que o artista não se baseia apenas num único evangelho. Afinal, o assassinato ordenado por Herodes consta apenas em Mateus; vemos o fornecimento de vinho feito por Jesus em Caná somente em João. Isto parece indicar que os vários relatos sobre a vida de Jesus foram conjugados na mente do artista (ou na mente da pessoa que encomendou a peça). Todavia, talvez esse artista não tivesse uma compreensão sólida das narrativas evangélicas, visto que, na obra, Jesus é retratado como criança durante o batismo.

Outra novidade refletida nesse painel é o fato de que Jesus está usando sua famosa túnica. Na primeira cena, o sanguinário soldado romano está usando uma túnica comum. A túnica é curta, deixando os joelhos à mostra. Assim também, as vestes de João Batista não lhe cobrem as pernas. Devem ter sido um tipo de vestimenta comum no século 1, e provavelmente Jesus usava uma túnica simples também. Túnicas delicadas eram roupas usadas pelos ricos; observe os trajes de Herodes na primeira cena. Mas note que, na última cena, da transformação da água em vinho, Jesus ostenta uma túnica delicada, geralmente usada apenas por pessoas ricas. Jesus havia ganhado também sua gloriosa auréola na terceira cena.

Figura 18 Painel em marfim.

A manobra para se passar a retratar episódios dos evangelhos virou moda e acabou se tornando parte da doutrina oficial. Em 629, o Concílio de Constantinopla declarou: "Em vez de cordeiro, nosso Senhor Jesus Cristo será mostrado, daqui por diante, em sua forma humana nas imagens, de modo que sejamos levados a nos lembrar da sua vida perecível, sua paixão e sua morte, com as quais ele pagou o preço da redenção da humanidade."

O PERÍODO NATALINO (SÉCULO 6)

Nos primeiros seis séculos de expansão do cristianismo, a forma de praticá-lo diferia um pouco de cidade para cidade (e, sobretudo, entre o Oriente e o Ocidente). A data estabelecida para o nascimento de Jesus é um exemplo dessa diversidade. Já no fim do século 2, propunham-se o dia 20 de maio, o dia 21 de março e muitas outras datas em abril (para efeito de clareza, especifico essas datas usando o calendário moderno). Algumas cidades do Oriente comemoravam naquele que consideramos agora o dia 6 de janeiro. Coincidentemente, inúmeras outras cidades festejavam o nascimento de Jesus naquele que consideramos agora o dia 25 de dezembro. Todavia, foi somente no século 6 que o dia 25 de dezembro se tornou a data padrão para a maioria das cidades.

Embora a questão do nascimento de Jesus fosse interessante para os cristãos já no século 1, nossas fontes de informação mais antigas — as Cartas de Paulo e o Evangelho de Marcos — não contêm um relato desse acontecimento. E, conquanto Paulo mencione uma celebração religiosa relacionada com a morte de Jesus (1 Coríntios 5:7-8), as únicas provas existentes de que as histórias sobre o nascimento de Jesus relatadas em Mateus e Lucas eram celebradas como festas religiosas anuais indicam que isto passou a acontecer somente séculos depois. E, como nem Mateus nem Lucas propõem uma data provável, coube a teólogos de épocas posteriores fazer sugestões, adivinhações e conjecturas acerca de quando o Mestre Nazareno poderia ter nascido. Talvez somente no século 4 o dia 25 de dezembro tenha sido levado a sério como a provável data do evento.

Não obstante a data de nascimento de Jesus fosse desconhecida por seus primeiros seguidores e alvo de controvérsias entre teólogos da posteridade, havia uma crença comum a todos: os escritores que trataram do assunto acreditavam que foi um acontecimento religioso. Em outras palavras, Deus interveio e, portanto, provavelmente a data não foi escolhida aleatoriamente. Porém, independentemente da data, deve ter sido importante do ponto de vista teológico. Partindo-se dessa premissa, tornou-se comum acreditar que a crucificação se deu na mesma data em que foi divinamente concebido. Supondo que ele tenha sido crucificado em 25 de março (em seu evangelho, João associa a crucificação de Jesus à Páscoa judaica), alguns teólogos chegaram à conclusão, por estimativa, de que a data era 25 de dezembro. Embora a lógica que correlacionava datas teológicas possa parecer estranha às pessoas do mundo moderno, deve ter sido natural para os povos antigos e medievais. A ideia era que acontecimentos importantes jamais constituíam obra do acaso. Para eles, como o plano de Deus tinha sido primorosamente elaborado, era natural que ocorressem coisas lógica e temporalmente correlacionadas.

Uma vez que muitos cristãos acreditavam que Jesus havia sido concebido em 25 de março, eles viam o dia 25 de dezembro como uma data natalícia lógica, já que assinalava o fim do período de nove meses após a fecundação. Outros, por sua vez, acreditavam que Jesus foi crucificado e concebido no dia 6 de abril. Assim, o dia 6 de janeiro (data em que se completavam nove meses após o dia 6 de abril do ano anterior) fazia mais sentido. Fiéis à lógica de que grandes acontecimentos religiosos ocorrem em importantes datas de significação teológica, muitos cristãos acreditavam, ademais, que o batismo de Jesus ocorrera também no dia 6 de janeiro.*

A diferença entre 25 de dezembro e 6 de janeiro explica duas coisas: a primeira delas diz respeito à razão pela qual as igrejas passaram a realizar festas religiosas em ambas as datas; a segunda tem a ver com o fato de o Natal durar doze dias (o período entre 25 de dezembro e o dia 6 de janeiro). Com certeza, a lógica usada para se determinar essas datas é interessante. Para chegarmos à conclusão de que Jesus nasceu em 25 de dezembro (por exemplo), é necessário partir de quatro pressupostos. Primeiro, precisamos admitir que Deus escolhe datas importantes para intervir na história da humanidade. Segundo, devemos aceitar que a concepção e a morte de Jesus ocorreram em data idêntica. Terceiro, temos de concordar que 25 de março é de fato o dia em que Jesus foi crucificado (hipótese que é alvo de controvérsia entre historiadores). Quarto, devemos admitir que a gestação de Jesus durou exatamente nove meses.

Considerando a questão do ponto de vista do historiador moderno, devemos concluir que não temos a menor ideia do nascimento de Jesus, uma vez que, a bem da verdade, o dia 25 de dezembro é uma data aproximada, estimada por teólogos e que só passou a ser amplamente comemorada no século 6. E somente em 1038, a expressão *Cristes Maesse* (Natal) apareceu no inglês antigo. Isto explica o surgimento do substantivo inglês

---

* Alguns cristãos da Igreja Apostólica Armênia continuam a comemorar o Natal em 6 de janeiro.

"Christmas" (Natal). Hoje, cristãos aceitam a data padrão do Natal sem muito questionamento.

Contudo, o importante mesmo para o assunto deste livro é a compreensão de que a comemoração da vida de Jesus reestruturou a forma pela qual os cristãos pensavam seu calendário anual. Por outro lado, assim que um calendário comemorativo foi instituído, essas tradições acabaram reformulando a visão que os cristãos tinham de Jesus. Estabelecera-se, assim, um período de interpretação teológica, da qual Jesus era parte integrante.

O Cristo Pantocrator
(APROXIMADAMENTE ENTRE OS SÉCULOS 6 E 13)

Desde o tempo em que Constantino tornou Constantinopla (atual Istambul) a capital do Império Romano do Oriente (no ano 330) até o reinado de Justiniano (526), a cidade teve um crescimento constante. Já no século 6, tornou-se a cidade mais magnífica da Europa. As artes e a arquitetura nela floresceram. Líderes religiosos e políticos também estabeleceram ali o seu centro de poder. Constantinopla contava com uma população de meio milhão de habitantes e com a então recém-construída Basílica de Santa Sofia. Até 1453, quando os turcos otomanos conquistaram a cidade, Constantinopla foi a capital do Império Bizantino e, assim, a capital da cristandade.

Uma das principais características culturais desse período era o uso de ícones religiosos. Dois dos maiores retratos iconográficos de Jesus são usados como virtual aparador de livros do Império Bizantino. Ambos apresentam a forma do "Pantocrator" (que significa o todo-poderoso). Cristo, transmitindo poderes celestes, aparece com a mão direita estendida na forma de uma bênção simbólica. O primeiro aparador é uma representação do Cristo Pantocrator do Mosteiro de Santa Catarina no Sinai (Egito). O fato de Justiniano ter fundado o mosteiro leva a crer que essa pintura encáustica (em cera) foi produzida em Constantinopla, mais ou menos no século 6. É possível também que um artista de outra região tenha sido influenciado pelos trabalhos feitos na grande cidade.

É bem conhecida a impressão de que o ícone artístico do Cristo Pantocrator retrata a ideia de dualidade. O lado direito do rosto é diferente do lado esquerdo nos seguintes aspectos: este último tem uma parte mais escura; a orelha se acha num ponto mais alto; a maçã do rosto é mais saliente; parte

Figura 19 Cristo Pantocrator do Mosteiro de Santa Catarina no Sinai (cerca do século 6).

da sobrancelha é angulosa e mais pontiaguda; um olho é maior que o outro; o ombro está menos aparente; o braço segura um livro com firmeza. Muitos historiadores concordam que o lado direito parece indicar a natureza humana de Cristo, enquanto o esquerdo assinala sua natureza divina. Com seu lado divino, Jesus faz um gesto de bênção. Embora talvez seja difícil ver isto a olho nu, seus dedos formam as letras gregas ICXC, os principais caracteres no título: IHCOYC XPICTOC. É assim, portanto, que "Jesus Cristo" é visto em grego, com a importância do seu nome grafada em letras maiúsculas.

A primeira e a última letras dessas duas palavras formam ICXC. Durante esse período no cristianismo oriental, essas quatro letras eram comumente usadas para se designar Jesus.

Figura 20 Cristo Pantocrator da Basílica de Santa Sofia (cerca de 1261).

A figura 20 mostra a representação iconográfica no segundo aparador de livros. A imagem é usada como um dos adornos do agora Museu de Santa Sofia, na moderna Istambul. Embora, na figura acima, o tema da dualidade seja menos aparente, ela apresenta várias outras características em comum com a figura 19. E, conquanto a mão de Jesus com um gesto de bênção seja mais difícil de perceber, as letras gregas IC e XC aparecem visivelmente em ambos os lados da cabeça de Cristo. (No Ocidente, a mão de Jesus num gesto de bênção apresenta outro aspecto, com dedos diferentes indicando bênção.) O livro que Jesus segura na imagem é quase idêntico ao presente na sua congênere do Mosteiro de Santa Catarina.

Existem variadas representações artísticas do Cristo Pantocrator em igrejas e catedrais em todo o mundo. Essa imagem serve para perpetuar o legado do Império Bizantino e da sua capital.

A Imagem de Jesus no Islamismo (século 7)

O legado do profeta Maomé (cerca de 570-632) marca o nascimento do islamismo. Ao profeta atribui-se a autoria do Alcorão, escrito no início do século 7 (segundo a tradição, isto foi no ano 610), com anotações de textos ditados pelo anjo Gabriel. Jesus recebe menções elogiosas no Alcorão. Embora não devamos superestimar a importância da cristologia para os fiéis do islamismo, as escrituras islâmicas apresentam um retrato interessante de Jesus.

Jesus é retratado como um milagreiro e profeta na tradição islâmica. É algo bem condizente com a tradição cristã. Mas Jesus não é retratado como o "Filho de Deus", tal como a maioria das formas de cristianismo ensinava. Ao contrário, é chamado de "filho de Maria". Ele era muito parecido com Moisés, já que era considerado um homem que fora incumbido de uma missão profética especial. Aliás, Jesus se enquadra na crença islâmica de que todo profeta enviado por Alá vinha à Terra com o mesmo objetivo e a mesma mensagem. Para eles, infelizmente, a humanidade sempre deturpou essa mensagem, mas Alá continuou a enviar profetas (como Moisés e Jesus), até que Maomé veio trazer a mensagem perfeita. Portanto, no Alcorão, Jesus é tratado com grande apreço, mas o autor do texto sagrado se recusa a adotar a ideia cristã de sua condição de "Filho" único (em outras palavras, a doutrina da Trindade).

Podemos ver um exemplo dessa imagem no ensinamento do Alcorão sobre a gravidez de Maria. O nascimento de Jesus é tido como resultado de uma intervenção divina:

> Quando os anjos disseram: "Oh, Maria! Certamente Alá lhe dá as boas novas de uma ordem Dele: cujo nome será o Messias, Jesus, filho de Maria — virtuoso neste mundo e no Além, e entre aqueles trazidos para perto [de Alá]. E falará às pessoas no berço e na maturidade e se contará entre os justos." Ela disse: "Meu Senhor, como terei um filho se nenhum homem jamais me tocou?" [O anjo] respondeu: "Assim será pela vontade de Alá! Ele cria tudo que deseja. Quando toma uma decisão, apenas diz: "Seja!" e assim é. E ensinará à criatura a arte de escrever, a sabedoria,

a Torá e o Evangelho. E [a tornará] um mensageiro para os Filhos de Israel [e dirá]: "Decerto vim a vós com um sinal de Vosso Senhor, pois plasmarei do barro para vós [algo] parecido com um pássaro, depois eu o alentarei com o sopro da vida e um pássaro ele será com o beneplácito de Alá. E curarei o cego e o leproso, e darei vida aos mortos com a permissão de Alá. E vos revelarei acerca do que devem comer e guardar em vossas casas. Decerto, nisto há um sinal para vós se realmente sois crentes" (Surata Ali Imran 3:45-9).

O Alcorão propõe também uma correção na doutrina cristã segundo a qual Deus é ao mesmo tempo triuno e uno (ou seja, a crença na Trindade: o Pai, o Filho e o Espírito Santo):

Ó Adeptos do Livro, não exagereis em vossa religião e não digais de Alá senão a verdade. O Messias, Jesus, filho de Maria, foi tão somente um mensageiro de Alá e Seu Verbo, que com o qual ele agraciou Maria por intermédio do Espírito d'Ele. Crede, pois, em Alá e em Seus mensageiros. E não digais: "Três." Abstende-vos disso — será melhor para vós; sabei que Alá é Uno. Longe está a hipótese de ter tido um filho. A Ele pertence tudo quanto há nos céus e na terra, e Alá é mais do que suficiente Guardião (Surata Na-Nissán 4:171).

Outra relevante diferença entre a tradição cristã e a islâmica diz respeito à suposta crucificação de Jesus. Embora a crucificação seja de capital importância para a história e a doutrina cristãs, o Alcorão ensina que Jesus não foi crucificado. Ao contrário: "Alá o fez ascender até Ele" (4:158), e outra pessoa parecida com ele é que foi crucificada. Mas não está claro, a julgar por esse ponto de vista, se Jesus morreu e depois ascendeu a Alá, ou se Jesus ascendeu a Alá sem sofrer a experiência da morte.

O Alcorão faz dezesseis referências ao nome de Jesus e dez delas ao título "messias". Mas Jesus, nas tradições orais islâmicas, é também uma referência ao próprio Jesus. No Hádice (coletânea de tradições orais com histórias, ensinamentos e interpretações de profetas), este ensinamento é atribuído a Jesus:

Jesus feriu o solo com uma das mãos, pegou um pouco de terra e, depois que a espalhou sobre a palma, pasmem!, ele tinha ouro numa das mãos e terra na outra! Em seguida, perguntou aos companheiros: "Qual destas coisas é mais preciosa para vocês?" Eles responderam: "O ouro", ao que Jesus replicou: "Ambas são a mesma coisa para mim."*

Embora esse livramento de Jesus da crucificação não convença os historiadores, o ensinamento confirma dois fatos sobre os princípios éticos de Jesus. Primeiro, porque a pergunta que Jesus faz acerca de qual das duas substâncias — ouro ou terra — é "mais preciosa para vocês" condiz com sua preocupação para com o mundo íntimo do ser humano (ou seja, suas intenções, motivações e inclinações). Segundo, porque Jesus propõe que a aquisição de riquezas é inútil, talvez com isto incentivando também seus discípulos a evitar essa conquista. Ambas as características revelam elementos de suma importância para a pesquisa do Jesus histórico.

O POEMA *HELIAND* (SÉCULO 9)

Do século 6 ao fim do século 12, missionários cristãos viajaram pelo Norte da Europa em busca de adeptos. Às vezes, nesses esforços de proselitismo, ocorriam conversões forçadas. Porém, algo ainda mais comum no período foi a forma sutil com que a teologia cristã impregnou toda a cultura europeia. O cristianismo foi adaptado a tradições, mitos e visões de mundo antigos. Por sua vez, elementos culturais "pré-cristãos" sofreram uma mudança radical. À medida que o cristianismo foi se insinuando pelas brechas da cultura (por volta do ano 830), a história de Jesus acabou sendo registrada na língua dos saxões na forma do *Heliand*.

O *Heliand* (que significa "salvador") é um poema em estilo épico, composto na região que conhecemos hoje como o Norte da Alemanha. Ele representa uma harmonização unificadora das divergentes narrativas de Mateus, Marcos, Lucas e João, algo muito parecido com o *Diatessarão*, de Taciano (para mais informações, ver a página 81), baseado, em grande medida, na parte do relato de João a respeito da vida de Jesus.

---

* Essas coletâneas provavelmente só foram compiladas após o século 17.

Muitos saxões tinham sido forçados a se converter na era de Carlos Magno (cerca dos anos 742-814) e — o que não surpreende — continuaram hostis aos ensinamentos da Igreja. Embora Cristo fosse "Senhor" agora, os que ainda reverenciavam o deus Wóden (Odin) eram maioria. Em suma, o cristianismo ainda representava uma cultura e uma ideologia estrangeiras. O *Heliand* serviu para a Igreja, portanto, como um instrumento de evangelização em saxão antigo para a conquista de corações e mentes dos locais.

O *Heliand* demonstra uma fusão do cristianismo com uma cultura que endeusava a guerra e idolatrava guerreiros. Em clãs nos quais a nobreza exigia fidelidade a um chefe vitorioso, Jesus se transformou num "líder poderoso" (*mahtig drohtin*). O *Heliand* chama os discípulos de Jesus de "companheiros guerreiros" (*gisidi*); e, em seu objetivo de transformar Jesus num idolatrado salvador que os saxões cultuariam, o poema enaltece o idealizado seguidor de Cristo, procurando representá-lo como um "companheiro guerreiro" (*gesith*). Nessa cultura, companheiros guerreiros eram guarda-costas "escolhidos pessoalmente por um chefe governante".*

Nesse contexto, se o poeta quisesse elogiar um povo, qualificando-o de virtuoso, suas proezas nos campos de batalha eram engrandecidas. Por exemplo, veja a seguir a explicação que o poeta dá sobre o ambiente romano em que Jesus viveu:

Naquela época, o Deus cristão deu ao povo romano o maior dos reinados. Ele fortaleceu o ânimo do seu exército, de tal forma que conseguira conquistar todas as nações. Aqueles adoradores-de-capacete da Roma de colinas fortificadas tinham conquistado um império... Em Jerusalém, Herodes foi escolhido para ser o rei do povo judeu. César, governando o império da Roma das colinas fortificadas, o pôs no trono — entre companheiros guerreiros —, embora Herodes não pertencesse, por laços de clã, aos nobres e nascidos de famílias ricas de Israel.**

Quando explica o parentesco de Jesus, o poeta faz referência aos "descendentes de Israel, aqueles homens combativos, famosos por sua resistência".

---

* Murphy, G. R., *The Heliand: The Saxon Gospel* (Oxford: Oxford University Press, 1992), p. 5.
** Murphy, *Heliand*, p. 5.

Jesus, portanto, é um homem de fibra. Aliás, Jesus é o "Governante" e "a Pessoa mais poderosa de todos os tempos". Mas Jesus precisa enfrentar também inimigos terríveis de Roma e os líderes judeus:

> Ele pediu que Seus bons seguidores, os doze, se aproximassem — os quais eram para com Ele os homens mais leais da terra — e lhes falou, mais uma vez, sobre as tribulações que Ele teria pela frente. "E não pode haver dúvida quanto a isso", advertiu. Mandou então que viajassem para Jerusalém, ao encontro do povo judeu. "É lá que tudo se dará, que tudo acontecerá em meio ao povo, tal como homens sábios disseram a meu respeito há muito tempo em suas mensagens. Lá, em meio aos poderosos, heróis de guerra me venderão aos líderes." […] "Eles me submeterão a uma tortura inacreditável com o fio de suas espadas. Tirarão a Minha vida. [Mas] eu ressuscitarei dentre os mortos e voltarei à luz deste mundo pelo poder do Grande Chefe, no terceiro dia."*

Deus (tido como o "Deus cristão") é chamado de "o Grande Chefe". Tanto os seguidores de Jesus como os judeus de Jerusalém são chamados de guerreiros. Vemos nisto também as germinantes sementes do antissemitismo: "Em seguida, Ele prosseguiu em viagem — Ele queria ir a Jerusalém ensinar a felicidade ao povo judeu. Estava plenamente consciente da atitude de má vontade deles, do seu ódio implacável e da sua grande hostilidade."** Nesta descrição, Jesus é retratado como um feliz poeta guerreiro, enquanto os heróis guerreiros de Jerusalém são odiosos e hostis. O poeta segue a fórmula de épicos germânicos representando Jesus como o herói leal e generoso que tem de enfrentar inimigos desleais e gananciosos.

Logicamente, o casamento do cristianismo com a moral de guerra remonta, no mínimo, à época de Constantino, o Grande (272-337). O poema nos fornece apenas um vislumbre da forma pela qual homens se apossaram da imagem de Jesus em um ambiente específico da Europa. Todavia, considerando que os cristãos estivessem prestes a realizar as primeiras Cruzadas — a primeira foi um massacre de judeus na Renânia em 1096 —, a popularidade do *Heliand* nesse período revela um importante episódio na transformação do legado de Jesus.

---

* *Heliand*, p. 115.
** *Heliand*, p. 115.

No fim de tudo, e talvez ironicamente, tal transformação de Jesus não resulta na mudança da sua crucificação para outro desfecho qualquer. Ao fim e ao cabo, Jesus é executado e ressuscita "na luz deste mundo pelo poder do Grande Chefe". Assim, a coragem de Jesus é demonstrada de uma forma inesperada, apesar de ser apresentado como um líder poderoso dos companheiros guerreiros.

CLARA DE ASSIS (SÉCULO 13)

Clara de Assis é famosa pela decisão tomada de seguir os passos de Francisco de Assis, tendo ingressado na vida monástica e criado uma versão feminina da Ordem franciscana. Sua trajetória de vida demonstra também uma importante mudança na forma pela qual Jesus era visto entre os que faziam votos de pobreza.

Fazer votos de pobreza era de suma importância tanto para Clara como para Francisco. Ambos foram criados em famílias ricas e abriram mão de muito conforto, pois acreditavam que fora assim que Jesus vivera. Criam que viver distante da riqueza e do conforto era uma forma de estar mais perto de Cristo. Nesse estado de coisas, a condição de Jesus de "noivo" divino se tornou importante.

CONHEÇA ESTA PALAVRA: ROMANCE

A palavra romance provém do termo do francês antigo *romanz*, vocábulo que significa "narrativa em verso". No século 13, a palavra era usada para designar a história de um herói ou cavaleiro. Um século depois, a palavra passou a ter o significado de narração de histórias em francês. Esses versos — muitas vezes cantados de maneira dramática por trovadores para mulheres ricas — se tornaram uma forma popular de se expressar afeição. Mas foi somente no século 17 que a palavra romance passou a designar especificamente uma "história de amor". No começo do século 20, o termo era usado com referência a "romance" (abstraindo-se o significado de aventura, no sentido heroico da expressão).

Na juventude, Francisco era apaixonado pelos poemas de amor dos trovadores. Antes do surgimento desses poetas romanescos itinerantes, a maioria dos europeus ricos se casava com base em critérios de preservação de riquezas e direito de progenitura, conforme a imposição dos pais. Mas o mundo estava mudando. Na época dos trovadores, mulheres ricas começaram a imaginar um tipo diferente de casamento; agora era possível escolher um esposo com base num amor romântico.* Compositores cantavam suave, langorosamente, quase emudecendo, quando manifestavam seu amor por uma mulher rica na corte (daí o termo "cortejo"). Essa moda levou séculos para se tornar comum, mas Francisco fazia parte da primeira geração que acabou tomando gosto por poemas de amor como fonte inspiradora de um estilo ético de vida.

Francisco, porém, viu-se diante de um problema. Afinal, a expectativa era de que, sendo religioso fervoroso, demonstrasse sua devoção participando da guerra contra os infiéis. Por isso, Francisco esteve entre os muitos guerreiros cristãos integrantes das Cruzadas. Tal foi o ambiente da experiência religiosa de Francisco. Como, porém, estava convicto de que havia recebido um chamado para uma vida de paz e simplicidade, deixou os campos de batalha e foi para casa. Tornou-se sombrio e isolou-se. Mas acabou abandonando todo o luxo em que vivia e optou por ser um pregador itinerante. Foi quando conheceu Clara.

Francisco dizia que a sua nova devoção a Jesus era o seu casamento com uma "mulher de uma beleza inigualável", e chamou sua nova noiva de Senhora Pobreza. Sua devoção a Cristo era o casamento metafórico com um ideal. Influenciado pela época de vivência com os trovadores, Francisco chamava sua vida religiosa de história de amor. Clara, depois que ouviu Francisco pregar, também se apaixonou pela vida monástica. Com a decisão de adotar um estilo de vida ético, Clara "se casou com Cristo". Jesus era o seu noivo.

Numa carta que escreveu pouco antes de morrer, ela disse que seu noivo era alguém "cuja beleza todos os anfitriões do céu não se cansam de admirar, cujo amor acende a chama do nosso amor". Clara explica:

---

* Para mais informações sobre as mudanças nas práticas matrimoniais desencadeadas pelo amor cortesão (ou seja, romance), ver Le Donne, A., *The Wife of Jesus: Ancient Texts and Modern Scandals* (Londres: Oneworld, 2013), cap. 6.

Como esta visão é o esplendor da glória infinita, o brilho da vida eterna e o espelho sem mácula, olhe-se nesse espelho todos os dias, ó rainha e esposa de Jesus Cristo, e constantemente em seu interior também, de modo que possa se adornar por dentro e por fora com belas túnicas e cobrir-se com as flores e as vestes de todas as virtudes, já que assenta bem na filha e na mais casta das noivas do Excelso Rei.*

Clara ensina às fiéis seguidoras de Jesus a se imaginarem como uma noiva no dia do casamento. Uma vida dedicada a Jesus é como ter uma visão espiritual de um casamento régio perfeito. Contemplar essa visão é como se ver num "espelho sem mácula", no qual se revelam as belezas exterior e íntima do ser. Jesus, nessa visão, não é apenas o noivo, mas também o plasmador da visão que faz com que a noiva se veja como uma pessoa bonita.

A CARTA DE LÊNTULO (ENTRE OS SÉCULOS 14 E 15)

A Carta de Lêntulo (ao Imperador Tibério) é uma carta fictícia atribuída a um político imaginário chamado Públio Lêntulo. O suposto autor alega apresentar uma descrição de Jesus com base no relato de uma testemunha ocular romana. Escrita em latim, a carta circulou no século 15, mas pode ser muito mais antiga.

Sabendo que desejas conhecer quanto vou narrar, existindo nos nossos tempos um homem, o qual vive atualmente de grandes virtudes, chamado Jesus, que pelo povo é inculcado o profeta da verdade, e os seus discípulos dizem que é filho de Deus, criador do céu e da terra e de todas as coisas que nela se acham e nela tenham estado; em verdade, ó César, cada dia se ouvem coisas maravilhosas desse Jesus: ressuscita os mortos, cura os enfermos, em uma só palavra: é um homem de justa estatura e muito belo no aspecto, e há tanta majestade no rosto que aqueles que o veem são forçados a amá-lo ou temê-lo. Tem os cabelos da cor da amêndoa bem madura, são distendidos até as orelhas e das orelhas até as espáduas, são da cor da terra, porém mais reluzentes.

---

* Armstrong, R. J. e Brady, I., *Francis and Clare: The Complete Works* (Nova York: Paulist Press, 1982), p. 204.

Tem no meio de sua fronte uma linha separando os cabelos, na forma em uso nos nazarenos, o seu rosto é cheio, o aspecto é sereníssimo, nenhuma ruga ou mancha se vê em sua face, de uma cor moderada; o nariz e a boca são irrepreensíveis. A barba é espessa, mas semelhante aos cabelos, não muito longa, mas separada pelo meio, o olhar é muito afetuoso e grave; tem os olhos expressivos e claros, o que surpreende é que resplandecem no seu rosto como os raios do sol, porém ninguém pode olhar fixo o seu semblante, porque quando resplende, apavora, e quando ameniza, faz chorar; faz-se amar e é alegre com gravidade. Diz-se que nunca ninguém o viu rir, mas, antes, chorar. Tem os braços e as mãos muito belos; na palestra, contenta muito, mas raramente o faz e, quando dele se aproxima, verifica-se que é muito modesto na presença e na pessoa. É o mais belo homem que se possa imaginar, muito semelhante à sua mãe, a qual é de uma rara beleza, não se tendo, jamais, visto por estas partes uma mulher tão bela, porém, se a majestade tua, ó César, deseja vê-lo, como no aviso passado escreveste, dá-me ordens, que não faltarei de mandá-lo o mais depressa possível. De letras, faz-se admirar de toda a cidade de Jerusalém; ele sabe todas as ciências e nunca estudou nada. Caminha descalço e sem coisa alguma na cabeça. Muitos se riem, vendo-o assim, porém, em sua presença, falando com ele, tremem e o admiram. Dizem que um tal homem nunca fora ouvido por estas partes. Em verdade, segundo me dizem os hebreus, não se ouviram, jamais, tais conselhos, de grande doutrina, como ensina este Jesus; muitos judeus o têm como Divino e muitos me querelam, afirmando que é contra a lei de Tua Majestade; eu sou grandemente molestado por estes malignos hebreus. Diz-se que este Jesus nunca fez mal a quem quer que seja, mas, ao contrário, aqueles que o conhecem e com ele têm praticado afirmam ter dele recebido grandes benefícios e saúde, porém à tua obediência estou prontíssimo, aquilo que Tua Majestade ordenar será cumprido.

Vale, da Majestade Tua, fidelíssimo e obrigadíssimo...

Tal relato fictício da aparência de Jesus parece ter influenciado muitos artistas europeus. Ou, talvez, simplesmente estimulado sua imaginação.

Afinal, segundo eles, tinha cabelos longos, lisos, castanhos, uma barba cheia e uma pele rosada sem manchas. Está claro que esse retrato idealizado de Jesus é europeu. O fato de que Jesus é uma pessoa séria e de que "nunca o viram rir" condiz bem com a maior parte das suas representações na história da arte.

A menção a Jesus como tendo estatura mediana, pele impecável e olhos brilhantes são pistas do motivo da sua descrição física. São sinais característicos da filosofia chamada "fisiognomia". Descrição fisiognômica é uma antiga forma greco-romana de explicar o caráter de uma pessoa por meio da interpretação do aspecto físico e dos traços fisionômicos. Comparações com animais são comuns em descrições desse tipo. Estatura moderada é vista como virtude. Aliás, quase toda espécie de característica moderada é tida como algo virtuoso. Entre os defeitos visíveis nessas características, estariam ser a pessoa muito alta ou muito baixa, peluda ou calva demais, olhos deveras grandes ou excessivamente pequenos. Essas características revelavam defeitos de caráter. Já o rosto de Jesus "sem rugas ou manchas" talvez tenha como causa a imagem metafórica de Jesus como o perfeito e imaculado "cordeiro" de Deus ("como de um cordeiro sem defeito e sem mancha", 1 Pedro 1:19). A associação zoomórfica não está explícita na carta. Talvez, porém, estivesse de acordo com outras características fisiognômicas óbvias.

Contudo, o mais importante são os olhos do homem, considerados, pelos adeptos de tal filosofia, janelas da alma. Portanto, é de crucial importância observar que o autor da carta não está simplesmente revelando a aparência de Jesus. Ele está muito mais preocupado com o caráter de Jesus: ele tem poder; ele é um homem verdadeiro; é não só amado, mas temido também. Jesus é alegre, porém sóbrio (ou seja, moderado em suas atitudes). Tem o porte ereto e uma beleza suave. Observe também que a sua pele não é avermelhada, mas apenas ligeiramente rosada. Quando aferidas pelos padrões da fisiognomia, essas características revelam o temperamento virtuoso de Jesus.

Por fim, três aspectos dessa questão são importantes. Primeiro, a maior parte dos trabalhos artísticos do Ocidente fomentou essa ficção. Segundo, ao contrário do que diz essa ficção, Jesus é retratado nos evangelhos como um homem de extremos. Neles, suas palavras não são "raras" nem "modestas". Jesus era um homem polêmico e, às vezes, loquaz, de acordo com as nossas fontes mais antigas. Por último, algo de suma importância, ao contrário do que fantasiam os europeus, seria melhor imaginarmos Jesus na condição de alguém com características próprias dos nativos do Oriente Médio.

Jesus e a Forma Humana (séculos 15 e 16)

Os primórdios da Renascença italiana (com início nos primeiros anos do século 13) surgiram de um ambiente profundamente religioso. Havia cenas do nascimento de Jesus em toda parte. Artistas voltavam a tratar do tema com frequência. Ao mesmo tempo, o período foi palco de uma revolução no estudo da anatomia humana e na aplicação de técnicas de perspectiva nas artes. Com o desenvolvimento de técnicas de reprodução precisa da anatomia de Jesus, pintores italianos começaram a dominar a representação da forma humana.

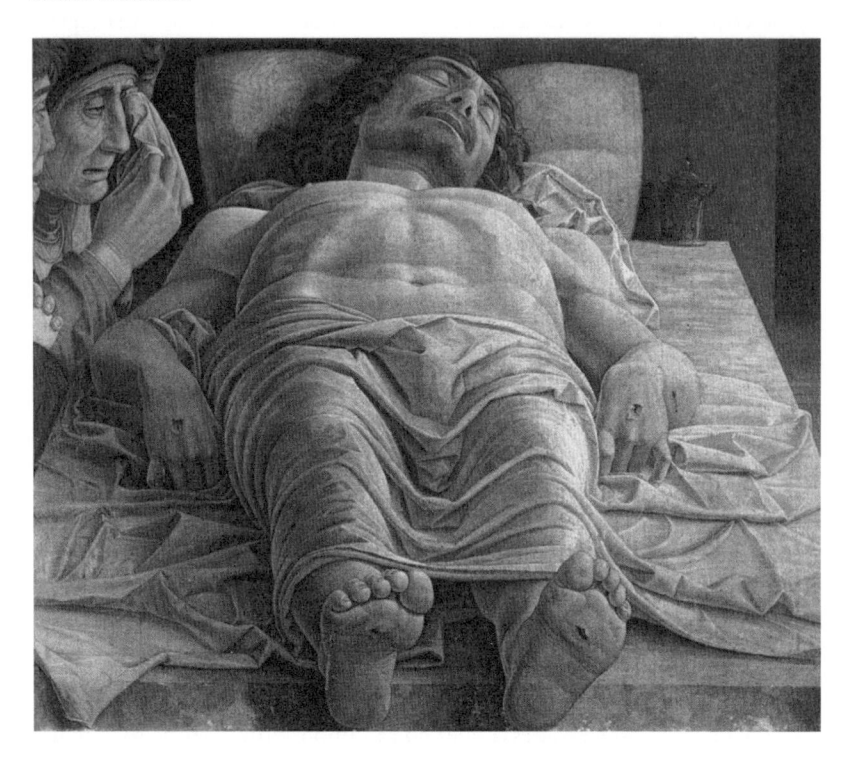

Figura 21 *Lamentação sobre o Cristo Morto* (final do século 15): Têmpera sobre tela de Andrea Mantegna.

Quase sempre, o estudo da anatomia humana, tanto por artistas quanto por cientistas, envolvia o exame de cadáveres. Com a análise da musculatura e da ossatura, artistas conseguiam reproduzir as formas dos seus estudos para expressar volume. Andrea Mantegna demonstra tais avanços nas técnicas de perspectiva, volume e representação anatômica na obra-prima intitulada *Lamentação sobre o Cristo Morto*. Nela, o corpo após a crucificação é de Jesus. O efeito de volume e luz expresso no tronco se tornaria questão de capital interesse por parte de artistas renascentistas. A atenção que Mantegna deu ao detalhe anatômico dos pés, por si só, é algo magnífico. Além do mais, quem pensou — até agora — no tema da crucificação sob esse ponto de vista? Os pés perfurados de Jesus se tornam a primeira coisa que a pessoa nota ao observar a cena.

Figura 22 *Pietà* (cerca de 1499), de Michelangelo: Esculpida em mármore Carrara, a obra fica exposta na Basílica de São Pedro (Vaticano). A *pietà* é um tema comum nas representações artísticas de Maria, a mãe de Jesus, em que segura o corpo do filho morto.

Vale considerar, porém, que Mantegna imagina as mãos perfuradas de Jesus com anacronismo. Afinal, Constantino havia proibido a prática da crucificação. Já no século 15, poucas pessoas sabiam que essa prática exigia que se pregasse o condenado na cruz pelos antebraços, cravando-lhe pregos abaixo dos pulsos. Por isso, Mantegna repete o erro de muitos outros artistas. Como os criadores do período pré-constantino de imagens artísticas de Jesus não o representavam com detalhes realistas, os artistas da Renascença tinham de explorar a própria imaginação em busca de detalhes como tais.

O afresco de Rafael *A Escola de Atenas*, no Vaticano, assinala um dos melhores momentos da Alta Renascença italiana. A pintura a óleo que vemos na página seguinte, da ressurreição de Jesus (início do século 16), é um dos primeiros trabalhos do gênio.

A representação do dorso de Jesus, embora feita de maneira singela, se beneficia de um estudo de musculatura, e sua pose escultural lembra o estilo clássico das esculturas greco-romanas. Artistas dessa época procuravam transmitir a ideia de uma série de emoções, posturas e ações. Os episódios da vida de Jesus proporcionavam uma forma de demonstrar um drama complexo dentro de uma única cena, e a obra de Rafael sobre a ressurreição é um bom exemplo disto.

Na obra, Jesus está sereno, quase indiferente. Talvez ele pareça mais uma criatura do céu a essa altura, já que a cabeça se acha numa posição acima dos anjos do cortejo celeste. Os guardas romanos estão confusos, dando a impressão de que recuam, cambaleantes. Mas todos levantam um dos braços para o céu, como se para demonstrar involuntariamente o milagre. Três mulheres, ostentando auréolas de santo, estão olhando para baixo. Talvez isso indique que não sabiam ainda o que encontrariam no túmulo vazio. Artistas desse período criavam valendo-se do seu profundo conhecimento da forma humana e adicionavam às suas obras os frutos de um estudo da condição humana.

Uma última observação a respeito desses artistas italianos se faz necessária: eles estavam recriando histórias religiosas com recursos visuais. Em suas narrativas pictóricas, Jesus é inequivocamente europeu. Sua pele clara e seus cabelos castanhos ajudam a criar a crença da condição de homem branco de Jesus que impregnaria a cultura da era moderna.

Figura 23 *Ressurreição de Cristo* (início do século 16).

Conclusão

Mesmo com um olhar superficial nas reproduções artísticas de Jesus dos séculos 3 ao 15, vemos que ele foi feito e refeito à imagem e semelhança daqueles que o homenagearam. Jesus continua a ser, portanto, um importante canal de observação dos registros culturais. Podemos ver os ideais, as aspirações, as crenças e os preconceitos dos seus cultuadores analisando a evolução de Jesus. Examinando as representações em histórias, textos, pinturas e esculturas, observamos lances do imaginário de povos do Norte da África, da Ásia Ocidental e da Europa.

Cada representação plástica e narrativa da vida de Jesus precisa ser analisada com senso crítico. A maioria das personificações não condiz com a sua condição de figura histórica. Em casos tais, devemos nos perguntar por que isso acontece. *Por que o narrador optou por descrever Jesus assim? Por que o artista retratou Jesus dessa forma? Em que premissas culturais se baseia tal teólogo?* Espero que perguntas como essas nos impeçam de aceitar preconceitos culturais, ainda que inconscientemente.

Porém, o mais importante na nossa análise sobre a presença de Jesus nas artes, na teologia e na literatura é que conseguimos a oportunidade de fazer uma análise crítica de nós mesmos. Com certeza, temos preconceitos culturais que não conseguimos enxergar. Afinal de contas, se algumas das grandes mentes dos dois últimos milênios projetaram suas idiossincrasias ao retratar Jesus, então nós também não estamos isentos disso. Enfim, para termos plena consciência de nossos conteúdos íntimos, é necessário que sejamos sinceros e honestos com nós mesmos acerca das nossas limitações. Na nossa tentativa de fazermos uma análise crítica de uma representação cultural de Jesus, será que não ficamos ávidos demais por achar defeitos? Não teríamos a tendência de sermos, às vezes, excessivamente críticos? E o fato é que, quando se trata de Jesus, nunca somos observadores neutros.

Cinco livros sobre a presença de Jesus na imaginação pré-moderna

Anatolios, K. *Retrieving Nicaea: The Development and Meaning of Trinitarian Doctrine* (Grand Rapids: Baker Academic, 2011).

Brakke, D. *The Gnostics: Myth, Ritual and Diversity in Early Christianity* (Reimpressão; Cambridge: Harvard University Press, 2012).

Levering, M. *The Theology of Augustine: An Introductory Guide to His Most Important Works* (Grand Rapids: Baker Academic, 2013).

Pelikan, J. *The Illustrated Jesus Through the Centuries* (New Haven: Yale University Press, 1997).

Schäfer, P. *Jesus in the Talmud* (Princeton: Princeton University Press, 2009).

CAPÍTULO QUATRO

JESUS NA VISÃO DA ELITE INTELECTUAL CONTEMPORÂNEA

"Mas o maior dos reformadores da perversa religião do seu próprio país foi Jesus de Nazaré. Abstraindo aquilo que é realmente Dele do monturo de lixo em que está enterrado, facilmente distinguível por meio do Seu brilho em contraste com a escória dos seus biógrafos e, assim também, tão separável disso quanto o diamante da estrumeira, obtemos o resumo de um sistema da mais sublime moralidade de todos os tempos, emanado dos lábios de um homem; resumo que é lamentável. Ele não viveu para atestar."

Thomas Jefferson

UM ENIGMA INTELECTUAL

Se a história do mundo ocidental medieval é de expansão religiosa, a história da era moderna é de exploração intelectual. Por outro lado, não temos cronologia alguma em que possamos nos basear. Ao contrário, no nosso estudo precisamos nos embrenhar por um intricado cipoal de crescimento intelectual. Afinal, os caminhos da cultura intelectual podem ser complexos, sinuosos e retrógrados. Eles se ramificam, se espiralam e se sobrepõem. Neles, há estações de muito verdor e anos de estiagem. A cada nova estação surge um novo Jesus.

A era moderna assistiu à invenção de Jesus, o gênio iluminado.* A ele atribuíram o papel de ariano "destruidor do judaísmo". Outros, por sua vez,

---

* Existe certa polêmica em torno de quando a chamada "era moderna" começou. Eu inicio esta seção com a vida de Baruch Spinoza (1632-77). Alguns veriam Spinoza como o precursor da era moderna.

viam-no como um judeu fervoroso que levava a religião aos gentios. Jesus se tornou um protótipo para o moderno especialista em ética. Serviu também como precedente para a instituição da poligamia entre os mórmons. Chegaram a pensar num Jesus aspirante a militante revolucionário, mas a ideia foi abandonada. Até que surgiu o Jesus profeta do fim dos tempos.

Jesus continuou a fascinar as melhores e mais brilhantes mentes. Algumas das suas mais criativas representações provêm dos filósofos, pelo trabalho que realizaram em outras áreas. Políticos, poetas e polímatas contribuíram com suas parcelas de intervenção. Eles abandonaram suas atividades costumeiras e voltaram-se para o estudo dos evangelhos, em busca do verdadeiro Jesus, procurando ler seus textos nas entrelinhas. Alguns buscariam elementos nos evangelhos que pudessem usar na composição de uma nova história.

Esse período também aumentou o abismo entre os seguidores de Jesus que lhe prestavam culto aos domingos — ao Cristo a respeito do qual aprendiam nos louvores — e as elites alienadas. A maioria dos cristãos não se interessava por esse tipo de revisionismo histórico, mas, de modo geral, estava interessada em novas e criativas formas de expressar sua ligação com Jesus. Nesse particular, a era moderna permaneceu assim para a maior parte dos cristãos, tal como havia sido antes, mas estavam plantadas as sementes da discórdia, prenunciando um êxodo em massa da forma de culto tradicional no mundo ocidental do século 20. Neste capítulo, farei uma exposição crítica de parte da criatividade intelectual da era moderna. Devemos considerar, porém, que inúmeros intelectuais (juntamente com pessoas comuns) continuaram bastante convictos da fidelidade aos registros bíblicos a respeito de Jesus. Por isso, a maioria das pessoas permaneceu — e permanece — indiferente a revisionismos eruditos da vida de Jesus.

Uma característica de grande importância desse período é a rejeição de histórias com elementos sobrenaturais. As pessoas influenciadas pela historiografia alemã e pelo deísmo inglês já não podiam considerar os evangelhos documentos históricos. Se uma história relatava um milagre, a solução mais natural era rotulá-la de mitológica, em vez de classificá-la como histórica. A esse respeito, David Friedrich Strauss escreveu (1835): "Não se pretende com isso, de forma alguma, fazer com que toda a história de Jesus seja considerada mítica, mas apenas fazer com que qualquer parte dela seja submetida a um exame crítico, para que se possa averiguar se contém ou não alguma mistura de elementos míticos." Portanto agora, Jesus, como figura histórica, precisava ser submetido a um exame crítico por historiadores profissionais. A tradução para o inglês do livro de Strauss (concluído pela romancista George Eliot) foi intitulada *The Life of Jesus Critically Examined*. De acordo com Strauss, o povo alemão precisava de um Jesus que não viesse embalado numa aura mitológica. Agora, cada elemento da sua vida deveria ser examinado de maneira científica e crítica.

CONHEÇA ESTAS PALAVRAS: DEÍSMO, TEÍSMO, PANTEÍSMO

A palavra "deísmo" se origina do termo francês *déisme*, que por sua vez provém do vocábulo latino *deus*. O deísmo reflete uma tendência, na filosofia do século 17, a desvincular da natureza o conceito europeu de um deus interventor. Para os professantes dessa filosofia, o Criador não se relaciona com o mundo natural. Assim, a visão tradicional das crenças do Deus de Abraão foi rebatizada como "teísmo". Essa palavra provém do termo grego *theos*, que significa "deus". No começo do século 18, criou-se o vocábulo "panteísmo" (formado pelo acréscimo, àquele termo, do prefixo *pan-*, que significa "todos") para designar o conceito de que Deus e o universo são a mesmíssima coisa.

Enquanto, por um lado, esses críticos depositavam pouca (ou nenhuma) fé em relatos sobrenaturais, talvez por outro tivessem excesso de confiança na sua capacidade para descobrir e analisar a constituição psicológica de Jesus. Strauss elogiou Theodor Keim por sua "percepção intuitiva" dos estados psicológico e mental de Jesus. Mas uma explicação semelhante poderia ser dada a várias biografias de Jesus nesse período. Keim traçou "o desenvolvimento psicológico da consciência messiânica de Jesus com base em experiências e estímulos internos e externos [do Nazareno]". De acordo com Strauss, a biografia de Keim "é um trabalho competente e que nos instiga a penetrar, até onde o estado das fontes permite, por meio de empatia e simulação intuitiva, as experiências pessoais e os estados mentais do gênio religioso do qual proveio uma nova era na história da religião".*

---

* Strauss, *Life of Jesus*, p. xxiv.

O elogio que Strauss faz a Keim nos fornece um canal de acesso a três importantes componentes da era moderna. O primeiro consiste em que a psicologia de Jesus se tornou um assunto interessante. O segundo reside no fato de que muitos filósofos classificavam a história com base nas eras inauguradas pelos grandes gênios. O terceiro é que Jesus foi exatamente esse tipo de gênio. Em outras palavras, Jesus não era um homem para o seu próprio tempo, mas alguém para uma era que estava se desenhando.*

O "Jesus histórico" não era mais propriedade da Igreja. Em muitos casos, historiadores refizeram Jesus como personalidade histórica para invalidar as piedosas representações feitas pela cristandade. De acordo com a nova mentalidade, os evangelhos não são confiáveis como documentos históricos. Uma vez decretados indignos de crédito, a imagem de Jesus ficou ainda mais maleável. Historiadores — assim como todos os artistas que dependiam de Jesus de alguma forma — recriaram Jesus à sua imagem e semelhança ou à imagem e semelhança das instituições que detestavam.

Mas alguns desses iconoclastas ficaram preocupados com os danos que poderiam causar à fé. Hermann Samuel Reimarus, por exemplo, optou por não publicar sua recriação revisionista do Jesus histórico. Já Strauss disse em seus escritos que estava "consciente de que a essência da fé cristã independe totalmente da [minha] análise crítica. O nascimento sobrenatural de Cristo, seus milagres, sua ressurreição e sua ascensão continuam a ser verdades eternas, independentemente das dúvidas que possam ser lançadas sobre a sua realidade como fatos históricos".**

Havia uma crescente preocupação de que não fosse possível conciliar depois o "Jesus histórico" com o "Cristo da fé". Mas algo que Jesus e o Cristo tinham em comum era a subsistência no revisionismo cultural. A diferença entre as duas identidades se tornou um conhecido enigma intelectual: *Como explicar a forma pela qual Jesus (o homem) se transformou no Cristo (um símbolo institucional)?* Na tentativa de solucionar tamanho enigma, historiadores projetaram psicologicamente algo de si mesmos nessa tarefa. O ganhador do Prêmio Nobel Albert Schweitzer disse em seus escritos: "Cada um desses indivíduos o criou de acordo com o seu próprio caráter." Por isso: "Não existe tarefa de revisionismo histórico

---

* Há certo antissemitismo implícito nessa visão a respeito de Jesus. Mais informações sobre isso a partir da pág. 147.
** Strauss, *Life of Jesus*, p. xxx.

que revele tão bem o verdadeiro caráter de um homem quanto escrever sobre a Vida de Jesus. Nenhuma força vital dá vida à figura, a não ser que o biógrafo insufle nela todo o ódio ou todo o amor que seja capaz de sentir."*

SPINOZA: A MENTE DE CRISTO (SÉCULO 17)

Uma das mais refinadas mentes do início da era moderna foi a de Baruch Spinoza. Ele havia sido expulso do seio do judaísmo devido às suas ideias teológicas. É bem conhecido o fato de que a sua compreensão de Deus é difícil de explicar com poucas palavras, mas parece que mesclou panteísmo e teísmo no seu pensamento. Spinoza tornou difusa a linha entre Criador e Natureza. No seu *Tratado Teológico-Político* (*TTP*), publicado postumamente em 1677, ele volta a atenção para o Deus bíblico e argumenta que a mente humana é incapaz de entrar em contato com a mensagem de Deus e compreendê-la sem maculá-la com a sua imaginação e as suas tendências emotivas:

> Talvez consigamos compreender perfeitamente que Deus pode comunicar-se instantaneamente com o homem, pois, [mesmo] sem a intermediação de meios materiais, Ele transmite a Sua essência às nossas mentes; ainda assim, um homem que, por intuição pura e simples, compreende ideias que não estão contidas nos fundamentos do nosso conhecimento das ciências naturais, nem são deles dedutíveis, devem imprescindivelmente ter uma mente muito superior à dos seus compatriotas, embora eu acredite que nenhum deles tenha sido tão bem dotado para tanto, a não ser o Cristo (*TTP* 1.47).

Ele argumenta que a mente é muito limitada para poder comunicar-se diretamente com a mente de Deus. Mas uma exceção de Spinoza a essa regra é Cristo. Jesus, nesse particular, tinha uma mente superior a todos os outros (só tendo como rival Moisés, tal como indica a exposição que o filósofo faz de Moisés). Spinoza empenhou-se no estudo da vocação dos profetas, já que era a missão deles coligar a mente de Deus à dos seres humanos. Sob esse aspecto, na visão dele a capacidade profética para compreender a mente de Deus era limitada. Entretanto, embora alguns profetas conseguissem apenas

---

* Schweitzer, A., *The Quest of the Historical Jesus: A Critical Study of Its Progress From Reimarus to Wrede*, tradução de W. Montgomery (Mineola, N.Y.: Dover, 2005), p. 4.

intuir o pensamento de Deus e, por isso, distorcer o conteúdo da sua experiência com as coisas divinas, a mente de Jesus era diferente:

> Os preceitos divinos para levar os homens à salvação foram revelados diretamente [a Cristo], sem palavras ou visões, de tal modo que, assim também, Deus se manifestou aos Apóstolos pela mente de Cristo, tal como Ele fizera com Moisés por intermédio de voz sobrenatural. Nesse sentido, a voz de Cristo, como a que Moisés ouviu, pode ser chamada de a voz de Deus, e podemos dizer que a sabedoria de Deus (ou seja, sabedoria sobre-humana) se apossou da natureza humana de Cristo e também que Cristo era o caminho da salvação [...] portanto, se Moisés falou com Deus face a face, assim como um homem fala com um amigo (ou seja, por intermédio dos corpos), Cristo se comunicava com Deus mente a mente. Por isso, podemos concluir que ninguém, exceto Cristo, recebeu as revelações de Deus sem a ajuda da imaginação, quer por meio de palavras, quer por meio de visões (*TTP* 1.48-9, 51-2).

Embora pareça estar elogiando Jesus, na verdade Spinoza está rejeitando o cristianismo, visto que explica depois que Jesus teve de expor seus pensamentos divinos aos discípulos. Ele argumenta que tudo que Jesus ensinou foi mal interpretado por seus seguidores. Assim também, Deus pode ter falado diretamente com Moisés, mas quem entre os profetas foi capaz de entender Moisés perfeitamente? Deus pode ter se comunicado mentalmente com Cristo, mas quem entre os discípulos conseguiu traduzir com precisão a mente de Cristo na forma de doutrina? Em suma, a mente humana foi incapaz de compreender perfeitamente o pensamento de Deus. Por isso, Spinoza diz ainda em seus escritos: "Por enquanto, devo declarar que aquelas doutrinas envolvendo Jesus, que certas igrejas apregoam, não as posso confirmar nem rejeitar, pois confesso espontaneamente que não as compreendo" (*TTP* 1:50).

Essa linha de raciocínio assumiria muitas formas na era moderna. A conclusão a que podemos chegar é que as doutrinas da Igreja não gozam de monopólio na mente de Deus. Talvez, então, uma maneira melhor de se comunicar com Deus seja por meio do estudo da natureza e da lógica. Com a autoridade da Igreja enfraquecida, a razão e o poder da argumentação se fortaleceram. A liberdade de pensamento foi um componente de suma importância para o subsequente advento do Iluminismo europeu.

REIMARUS: JESUS COMO REI FRACASSADO (SÉCULO 18)

As frágeis linhas que separam o "Jesus histórico" do "Cristo da fé" começaram a se romper quando Reimarus morreu. O professor de hebraico e línguas orientais na Escola de Ensino Médio de Hamburgo, Alemanha, morreu em 1º de março de 1768. Herman Samuel Reimarus cursou teologia, mas, como professor, estudou vários assuntos. Interessou-se por ciências naturais, economia e matemática, mas tornou-se mais conhecido pelos seus estudos e pela sua coletânea das traduções dos escritos de Cassius Dio (um antigo escritor romano). Como filósofo, publicou obras sobre lógica.

Mas Reimarus tinha um segredo.

Seu segredo — que apenas algumas pessoas conheciam até o dia da sua morte — foi a sua narrativa heterodoxa da vida e do destino de Jesus. Pouquíssimas pessoas sabiam que Reimarus albergava no íntimo algo que teria sido considerado heresia. Depois da sua morte, Gotthold Lessing, amigo da família e colega de trabalho, começou a divulgar alguns dos escritos do colega que ainda não haviam sido publicados. Lessing os intitulou *Fragmentos de um escritor anônimo*, gerando controvérsias.

Reimarus criou a sua história alternativa lendo os evangelhos nas entrelinhas. A principal tese nela contida é sobre a hipótese de que Jesus foi um revolucionário político em vida, um fracassado na morte e um impostor no além. Para ele, Jesus via a si mesmo como um salvador político que pretendia ser rei. Mas seus anseios acabaram levando-o à crucificação pelos romanos. Jesus, de acordo com Reimarus, havia prometido a salvação e foi para Jerusalém com o intuito de iniciar uma revolução. Sua violenta manifestação de protesto nas dependências do Templo teve por finalidade desencadear agitação e então uma rebelião. Roma, logicamente, sufocou a rebelião antes mesmo de se iniciar. Depois, os discípulos roubaram seu corpo do túmulo e criaram a falsa narrativa da ressurreição. Ainda na opinião dele, os relatos de milagres também não são dignos de crédito. Essa visão do fenômeno como um todo era condizente com os postulados do deísmo (ou seja, Deus não se envolve nos assuntos humanos), visão comum na sua época. Jesus, portanto, tinha sido mal interpretado pela Igreja, a qual havia confiado piamente nos evangelhos, documentos que, para Reimarus, eram indignos de crédito.

Numa carta a um amigo, Reimarus confessou que escrevera a sua herética história sobre Jesus para se acalmar. Fazia muito tempo que vinha sendo atormentado por dúvidas, mas resolvera encarar o problema. Assim, lançou mão dos seus recursos de pesquisa para ajudá-lo a saber por si mesmo se as dúvidas tinham fundamento. Lessing — que havia defendido publicamente a interpretação heterodoxa de Reimarus — lutava contra dúvidas semelhantes. Assim que Reimarus faleceu, Lessing usou a publicação de *Fragmentos* como uma forma de lidar com a própria crise de fé religiosa. Dois amigos — Christoph F. Nicolai e Moses Mendelssohn —, que sabiam da intenção de Lessing de publicar a obra, imploraram que ele a mantivesse em segredo. Mas Lessing estava determinado a sanar suas dúvidas publicamente.

Figura 24 *Bom Pastor da Baviera* (cerca de 1750): Este quadro, pintado por um artista bávaro desconhecido, é uma versão ariana do Bom Pastor. Tanto o chapéu como a paisagem representam uma adaptação do tema ao ambiente geográfico do artista. Jesus é retratado com pele rosada e fenótipos europeus.

Vemos, tanto em Reimarus como em Lessing, o conflito neles criado quando o teísmo do cristianismo (a versão predominante da cristandade) conflita com o deísmo do Iluminismo (uma tendência entre os membros da elite intelectual europeia). Nesse caso, o assunto sobre a vida de Jesus se tornou uma arena para se enfrentar tal conflito e, desse modo, solucionar uma crise de fé.

A interpretação heterodoxa de Reimarus da vida de Jesus se tornou um protótipo para um novo campo de estudos especializados: a pesquisa sobre o Jesus histórico. Nos séculos posteriores, esse campo de estudos foi responsável pela produção de centenas de biografias de Jesus e obras de crítica revisionista do Novo Testamento. Os atuantes nesse campo começaram a comparar os episódios da vida de Jesus com a política da sua época e concluíram que ele pertencia ao ambiente histórico, e não ao teológico.

EMDEN: UM JUDEU PARA OS GENTIOS (SÉCULO 18)

O rabino Jacob Emden de Altona (1697-1776) foi um dos mais respeitados eruditos em Torá da era moderna. Emden recebia cartas de estudiosos de toda a Europa pedindo conselhos. Certa vez, Moses Mendelssohn — filósofo e polímata — lhe enviou uma carta dizendo-se seu discípulo. Às vezes, recorria-se ao rabino Emden para a solução de controvérsias.

No século 18, o rabinato polonês excomungou uma seita de judeus sabatianos liderada por Jacob Frank. Os sabatianos afirmavam que o rabino Sabbatai Zevi (1626-76) era o Messias. Essa crença provocou um cisma entre a seita e o judaísmo como um todo. Os adeptos da seita reagiram acusando o rabinato de perseguição e recorreram à ajuda da Igreja Católica. De acordo com os sabatianos, eles haviam "reconhecido a validade da Trindade", e esta foi a razão da sua excomunhão. (Não se sabe ao certo por que eles reconheceram a Trindade ou, por outro lado, por que afirmaram ter feito isso.) O lamentável resultado desse apelo foi uma perseguição ainda pior, por parte dos cristãos locais, contra os judeus da Podólia (a região da Ucrânia que agora faz fronteira com a Moldávia). O bispo mandou que fossem queimados todos os exemplares do Talmude do bispado da Podólia. Os membros da seita, alegando que haviam se convertido ao cristianismo, concordaram em ser batizados. Chegaram a recorrer ao rabino Jacob Emden em busca de conselhos sobre o rápido agravamento das tensões. Embora não tivesse nenhuma simpatia pelo movimento dos sabatianos, ele torcia por uma coexistência pacífica entre judeus e cristãos.

O rabino Emden acreditava que a religião fundada por Jesus constituía-se uma instituição moral em suas origens. (E o mais importante era que ele acreditava que Jesus fora realmente o fundador do cristianismo.) Assim, Emden aconselhou que fizessem um pedido de ajuda diretamente ao clero polonês local. Afinal, se Jesus era sinônimo de moralidade, talvez um argumento moral pudesse solucionar o problema. Acontece que se dizia que os sabatianos eram "pervertidos sexuais" e, portanto, provavelmente não seriam bons católicos. Diante disso, Emden argumentou que os dirigentes católicos e os líderes judeus tinham mais coisas em comum entre si do que com os membros recém-convertidos da seita.

Para provar seu ponto de vista, o rabino Emden argumentou também que Jesus nascera judeu e observava as leis de Moisés (613 leis haviam sido instituídas). Jesus estava determinado também a criar uma religião de bases morais para os gentios. Essa religião demandaria a observância de apenas sete leis.* Embora o próprio Jesus, "o Nazareno", cumprisse os 613 mandamentos, aliviara seus discípulos do fardo dessas exigências: Emden escreveu:

O Nazareno e seus Apóstolos nunca intencionaram isentar aquele que nasceu judeu da observância dos preceitos da Torá de Moisés. Assim também, Paulo enviou uma carta aos coríntios (1 Coríntios 7) dizendo que cada um deveria se manter fiel à fé a que fora chamado seguir. Portanto, agiram conforme a Torá, proibindo a circuncisão aos gentios, de acordo com a Halacá, já que é proibido fazer naquele que não aceita submeter-se ao cumprimento dos mandamentos. Eles sabiam que seria difícil demais para os gentios manter-se fiéis à observância da Torá de Moisés [...] que o Nazareno promoveu um benefício duplo ao mundo. Por um lado, ele reforçou muito o valor da Torá de Moisés, conforme mencionado, e nenhum dos nossos sábios falou de modo mais enfático a respeito da imutabilidade da Torá. E, por outro lado, beneficiou sobremaneira os gentios [não judeus].**

---

* De acordo com a tradição judaica surgida após o advento da Bíblia, Noé instituiu sete leis para os gentios. Essas sete leis variam, dependendo da fonte, mas eis uma lista delas: Todos os seres humanos deveriam (1) não praticar idolatria; (2) não blasfemar contra Deus; (3) não cometer homicídio; (4) não roubar; (5) não cometer adultério; (6) estabelecer tribunais; (7) não maltratar os animais. No Novo Testamento, Atos 15:20 repete a prescrição desses mandamentos aos gentios, com ênfase nos itens um, três, cinco e sete.

** Esse trecho foi extraído do trabalho de Falk, H., *Jesus the Pharisee* (Mahwah: Paulist Press, 1985), principalmente pp. 13-23. São dele todas as citações do rabino Emden.

Na visão restauracionista de Emden, Jesus foi um judeu que estendeu a mão aos gentios. É inconveniente, no entanto, o fato de que, nos evangelhos, Jesus raramente fale aos gentios. Contudo, para os católicos aos quais Emden lançou apelos, devia parecer razoável que Jesus e Paulo trabalhassem no mesmo sentido: inclusão dos gentios e instituição da Igreja Católica Romana. No fundo, ele estava conclamando os cristãos a serem bons cristãos de forma que deixassem que os judeus fossem bons judeus. Os bons cristãos deveriam "levar seus povos a amar os antigos filhos de Israel que permanecem fiéis ao seu Deus, tal como, aliás, foi preceituado aos cristãos por seus primeiros mestres". E Emden reforça seu ponto de vista com um argumento fulminante:

> Eles chegaram a aconselhar que amassem seus inimigos. E muito mais no nosso caso! Por Deus, somos seus irmãos! Um único Deus criou a todos nós. Por que nos deveriam fazer mal por estarmos jungidos à observância dos mandamentos de Deus, ao qual estamos ligados pelos fios do seu amor? Vocês, membros da fé cristã, quanto seria bom e agradável se praticassem o que lhes foi preceituado por seus primeiros mestres; quão maravilhoso será o seu galardão se ajudarem os judeus no cumprimento dos preceitos da Torá.

Para Emden, Jesus era a ponte entre dois povos. Jesus era o defensor da paz. Embora outros pensadores do Iluminismo estivessem provocando uma separação entre o Jesus histórico e a Igreja, Jacob Emden lançou apelos para maior adesão da Igreja aos ensinamentos do Jesus histórico.

JEFFERSON: UM MORALISTA PARA OS AMERICANOS (SÉCULO 19)

Talvez existam polímatas mais brilhantes, personalidades mais complexas e influenciadores de maior peso na história americana, mas Thomas Jefferson (1743-1826) é um rival à altura, seja lá de quem for. Por causa do seu legado multifacetado, geralmente as gerações se esquecem de que ele tinha grande interesse na restauração da imagem de Jesus: dos princípios éticos de Jesus, para ser mais exato.

Jefferson tinha a impressão de que os Estados Unidos estavam criando algo novo, mas precisavam de uma espécie de bússola moral. Numa série de cartas e depois também por meio de recortes e colagem, ele criou sua própria Bíblia (embora só tenha sido publicada após a sua morte). O projeto de Jefferson era remover o conteúdo teológico dos evangelhos, de modo que ficassem somente os ensinamentos de Jesus. Ele acreditava que estava libertando "o mais sublime e benevolente dos códigos morais que haviam sido propostos ao homem até então" dos grilhões da irracionalidade supersticiosa. E, tal como a citação no início da quarta parte do seu livro parece indicar, Jefferson via também com maus olhos a criação de Jesus no seio do judaísmo. Ele chamava o judaísmo de a "perversa religião do Seu próprio país". Acho impossível ler estas palavras e não ver a força do antissemitismo por trás delas.*

Com o objetivo de remover da Bíblia a "perversidade" do judaísmo e a superstição do cristianismo, ele abraçou o objetivo de descobrir o conteúdo ético de Jesus. O resultado foi uma "Bíblia" de 84 páginas compostas com as palavras de Jesus, mas sem quaisquer relatos de coisas sobrenaturais. Jefferson lhe deu o título de *The Life and Morals of Jesus of Nazareth: Extracted Textually from the Gospels in Greek, Latin, French and English.*

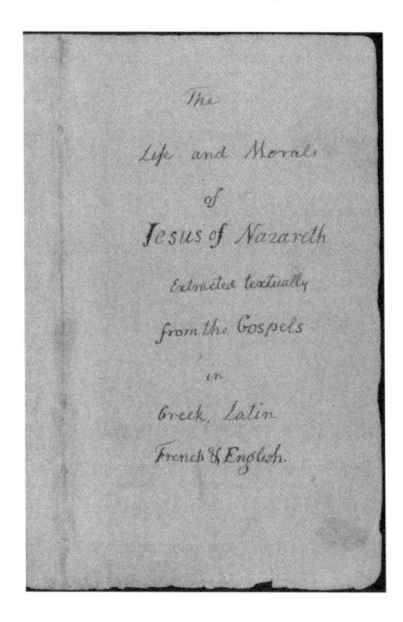

Figura 25 *A Bíblia de Jefferson* (cerca de 1820).

---

* As relações de Jefferson com os judeus e o judaísmo são complexas, já que, de certa forma, ele foi defensor da tolerância nos Estados Unidos por ocasião de manifestações de antissemitismo. Ver mais em *Jews in America: Thomas Jefferson and the Jews.* Jewish Virtual Library [Online]. (www.jewishvirtuallibrary.org/thomas-jefferson-and-the-jews) (Acesso em 29 de março de 2018.)

Jefferson — tal como os deístas da Europa — detestava o sobrenatural. E assim como fizera Spinoza muito tempo antes, restaurou a imagem de um Jesus que foi um modelo para os adeptos do Iluminismo. Para alcançar esse objetivo, Jefferson criou um artefato material — uma Bíblia revisada — que representava a sua versão restauracionista.

O Jesus de Jefferson foi feito por meio de um processo de reconstrução. Parece que ele se utilizou de três instrumentos para realizar o intento:

1. *Analogia*: No caso de Jefferson, está claro que lançou mão do critério da analogia. É um critério que funciona com base no princípio lógico de que há fatores constantes no mundo natural, tanto no que diz respeito à antiguidade como no que se refere à era moderna. Portanto, se não houve relatos legítimos de ressureições e caminhadas sobre a água em 1820, parece razoável [concluir] que não houve acontecimentos como esses igualmente no século 1.

Figura 26 *Flevit super illam* (expressão que significa "Ele chorou por ela"), Enrique Simonet, óleo sobre tela (1892). Obra do romantismo francês, período artístico com ênfase nas emoções e na reprodução de paisagens idealizadas. Segundo consta, Simonet abandonou o cristianismo enquanto estudava artes, mas voltou a abraçar o tema da vida de Cristo com uma nova visão, depois do seu afastamento da religião.

2. *Gênio revolucionário*: Outro fator que influenciou Jefferson foi um componente de suma importância do neorromantismo. Jefferson acreditava que um grande gênio tinha o poder de inaugurar uma nova época na história da humanidade. Na visão dele, Jesus, com a sua genialidade, instaurara uma nova época, digna de ser revitalizada ao longo do nascimento dos Estados Unidos.

3. *Religião particular*: Os interesses políticos de Jefferson influenciaram sua obra de reconstrução da vida de Jesus. A ideia de uma religião particular tolerada pelo Estado — mas nunca imposta pelo Estado — era importante para Jefferson. Por isso, Jesus se tornou um professor, e não um pregador. Tornou-se um guia, e não um agente de um juiz divino.

Aparentemente, Jefferson não tinha intenção alguma de fazer com que a sua Bíblia fosse publicada ou amplamente divulgada. Tanto que ela continuou na biblioteca particular dele até a sua morte.

YOUNG: JESUS, O POLÍGAMO (SÉCULO 19)

Brigham Young (1801-77) pertenceu ao grupo dos primeiros mórmons e foi o segundo presidente do movimento, além de fundador da cidade de Salt Lake City. Juntamente com Joseph Smith, criou a Igreja de Jesus Cristo dos Santos dos Últimos Dias (originalmente denominada igreja dos "mórmons"), que atualmente reúne mais de 15 milhões de membros.

Antes de haver se tornado sucessor de Smith, Young trabalhou sob a sua liderança em Nauvoo, Illinois. Foi em Nauvoo que Smith introduziu a ideia de poligamia. No início, Young se opôs a ela, mas mudou de opinião quando recebeu um sinal de Deus sobre a questão. Antes de morrer, em 1877, Young tinha sido "indissoluvelmente ligado a" nada menos que cinquenta e cinco mulheres.

Esse padrão de conduta sexual foi projetado psicologicamente tanto em Deus como em Jesus. No fim da vida, ele escreveu: "Disse [Jesus], quando conversava com seus discípulos: 'Aquele que viu a mim viu ao Pai' e 'eu e meu Pai somos um.' As Escrituras afirmam que Ele, o Senhor, entrou no Templo com Seu séquito; não sei quem eram eles, exceto Suas esposas e Seus filhos."[*]

---

[*] Young, B., "Gathering the Poor — Religion a Science", *Journal of Discourses*, 13, 1871, pp. 300-9.

Para entender a forma de pensar de Young, precisamos identificar três aspectos da sua lógica. O primeiro é que, para ele, Jesus reflete a imagem de Deus. Young defende esta ideia de forma muito convincente com suas duas citações do Evangelho de João. Além do mais, Young acreditava que a família humana, em seu aspecto unitário, era uma metáfora da imagem de Deus. O segundo se relaciona com a ideia de que Deus é literalmente um pai. Citando o profeta bíblico Isaías, Young argumenta que Deus se casa muitas vezes com inúmeros filhos: "Vi o Senhor assentado sobre um alto e sublime trono, e a cauda do seu manto enchia o templo" (Isaías 6:1). Na *Bíblia King James*, "a cauda do seu manto" é uma tradução cuja vagueza lhe foi muito conveniente, permitindo que Young supusesse que o Senhor estava acompanhado pelos membros da família. O terceiro consiste em que Jesus, como reflexo da divina realidade, viveu a virtuosa prática da poligamia. Young diz em seus escritos a esse respeito: "Essa mesma verdade é confirmada pelo Salvador."*

Aparentemente, ele levou anos para acreditar que Jesus praticava a poligamia. Conforme indica a aversão que tinha outrora à ideia, a poligamia era algo que estava muito distante das consagradas ideias americanas de comportamento normal. Tornou-se defensor da sua legitimidade somente depois de ter sido persuadido por Joseph Smith e sua experiência religiosa. Assim, com o tempo, Young passou a ensinar: "Os únicos homens que se tornam Deuses, e até Filhos de Deus, são os que passam a praticar a poligamia."**

Young persuadiu seu colega Orson Pratt a defender a poligamia em público. Num artigo de 1853, intitulado "Casamento Celestial", Orson Pratt argumentou que Jesus (tal como seus ancestrais) era polígamo. Ele recorreu ao uso de partes de várias parábolas e trechos poéticos da Bíblia para defender a ideia de que Jesus era não só casado, como também tivera muitas mulheres. Pratt citou João Batista, que disse: "Aquele que tem a noiva é o noivo, mas o amigo do noivo, que está presente e o ouve, regozija-se muito com a voz do noivo. Assim, pois, este meu gozo está completo" (João 3:39). Pratt citou também Jesus, em Marcos 2:19-20, que disse: "Podem, porventura, jejuar os convidados às núpcias enquanto está com eles o noivo? Enquanto têm consigo o noivo, não podem jejuar; dias virão, porém, em que lhes será tirado o noivo." Como vemos aqui, ambas as passagens bíblicas chamam Jesus de "noivo".

---

* Young, "Gathering", p. 306.
** "Beneficial Effects of Polygamy: Remarks by President Brigham Young", *Journal of Discourses*, 11, 1866, pp. 266-72.

Tomadas ao pé da letra, essas passagens indicam mesmo que Jesus era casado. Para demonstrar que Jesus praticava a poligamia, Pratt apelou para o poema sobre um casamento da realeza constante em Salmos 45 (o rei foi mencionado neste salmo de maneira apenas vaga). Pratt argumentou que a personalidade régia do salmo era Jesus. E concluiu: "O grande Messias, que foi o fundador da religião cristã, era polígamo, assim como o patriarca Jacó e o profeta Davi, do qual ele descendia segundo a carne." Ampliando a lógica de Brigham Young, Pratt argumentou ainda que Jesus exemplificou a poligamia. Aliás, escreveu Pratt: "Casando-se ele mesmo com muitas mulheres honradas, [Jesus] mostraria às futuras gerações que aprovava a multiplicidade de Esposas dentro da ordenação cristã, bem como dentro das ordenações nas quais Seus ancestrais polígamos viveram."*

Mas é crucial que não deixemos de considerar o contexto em que os mórmons foram perseguidos como povo nos EUA do século 19 (em que grande parte do país era um lugar perigoso para a maioria dos não protestantes). Seu padrão de conduta sexual anormal os tornava um alvo ainda maior. Em razão dessa pressão externa, os líderes do movimento mormonista acharam vantajoso justificar seu estilo de vida projetando-o psicologicamente em Jesus. Aqui também vemos Jesus sendo refeito à imagem e semelhança de uma cultura específica.

Renan: Destruidor do Judaísmo (século 19)

Em fins do século 19 — em comparação com períodos anteriores —, não era difícil encontrar biógrafos da vida de Jesus. Os evangelhos atraíram o interesse de mentes criativas que se concentraram num grupo seleto de passagens, na esperança de acharem alguma indicação do caráter de Jesus e dos seus pensamentos mais íntimos. Por exemplo, Daniel Schenkel, quando escrevia em 1864, descobriu um Jesus espiritualmente iluminado, que viu claramente que a era da lei judaica chegaria ao fim assim que ele fosse batizado. O Jesus de Schenkel preparou o mundo para uma nova era, sem o legalismo e o paroquialismo judeus.

Schenkel não era o único a pensar assim: essa visão refletia a política da Europa na época. Os historiadores do século 19 tinham grande interesse por gênios que reduziam a cinzas eras antigas com uma centelha de criatividade. Nas palavras de Strauss, Jesus foi "o gênio religioso que fez nascer uma nova era na

---

* Pratt, O., "Celestial Marriage", in *The Seer*, vol. 1.11 (1853), pp. 169-76.

história da religião".* Em vista do fato de que manifestações de antissemitismo corriam soltas pela Europa nesse período, não surpreende que a "velha época" — a era que Jesus supostamente encerrou — fosse estereotipadamente judaica.

Ernest Renan (1823-92), estudioso católico francês, foi o biógrafo mais extremadamente aferrado a essa ideia. O Jesus de Renan era de descendência judaica, mas conseguiu livrar-se das "impurezas" do judaísmo. Logo, embora tivesse nascido judeu, Jesus deixou sua identidade para trás com o intuito de se transformar no "destruidor do judaísmo".** Na visão de Renan, Jesus se tornou, de fato, um membro da raça ariana. Com isso, conseguiu instituir um cristianismo livre das "impurezas" do judaísmo. Nas sondagens que fez dos pensamentos (ágrafos) de Jesus, descobriu um reflexo do seu próprio antissemitismo.

Figura 27 O Crucifixo de Altar de Liesing (cerca de 1980): Criado pelo escultor austríaco Alexander Silveri, ele fica exposto na paróquia de Liesing, Viena. É uma representação de Jesus na frente da cruz, em vez de pregado nela. As mãos estão estendidas em sinal de bênção. Os pés ficam apoiados sobre um globo com uma serpente nele esculpida, simbolizando a vitória de Cristo sobre o pecado.

---

* Strauss, *Life of Jesus*, p. xxiv.
** Renan, E., *The Life of Jesus*, trad. C. E. Wilbour (Londres: Trübner & Co., Paternoster Row, 1864), p. 168.

Para completar esse referencial, fizeram parte da obra publicada de Renan conteúdos de filosofia política e teorias de uma pseudociência racial. Ele estava convicto de que o estudo de um tipo humano revelaria as características intrínsecas de um povo. Além disto, na visão dele, a raça ariana era nitidamente superior à semítica. Quando projetou psicologicamente essas supostas vantagens no Evangelho de João, Renan inventou uma espécie de Cristo protonazista.

O Jesus de Renan é um prenúncio da ideologia da superioridade da raça ariana do século 20. Antes do Holocausto, muitos teólogos alemães criaram um instituto com um único objetivo: dar vida a um novo tipo de cristianismo, escoimado da influência dos judeus. Eles o denominaram "Instituto para o Estudo da Influência Judaica na Vida das Igrejas Alemãs e a Eliminação dessa Influência". E nesse contexto Jesus foi ressuscitado como ariano.

SCHWEITZER: A EDUCAÇÃO PREJUDICIAL DO FILHO DE DEUS (SÉCULO 20)

Albert Schweitzer (1875-1965) talvez seja mais conhecido pelo seu trabalho como médico na África, graças ao qual ganhou o Prêmio Nobel da Paz. Antes disto, porém, teologia e história faziam parte dos seus estudos. Em 1906, Schweitzer escreveu um dos livros mais influentes da era contemporânea sobre Jesus. A tradução dessa obra foi intitulada *The Quest of Historical Jesus: A Critical Study of its Progress from Reimarus to Wrede.*

A permanente contribuição de Schweitzer aos estudos sobre a vida de Jesus diz respeito ao status do Mestre Nazareno como profeta escatológico. Em certa medida, H. S. Reimarus (no século 18) e William Wrede (no século 19) destacaram tal aspecto de Jesus antes de Schweitzer. Mas Schweitzer argumentava que essa fora a base em que se apoiara todo o seu projeto. A declaração de Jesus de que o "reino de Deus está próximo" sintetizava a crença do Mestre Nazareno de que Deus interviria para pôr fim à história da humanidade e fundar um reino celeste. Na opinião de Schweitzer, autores de biografias anteriores haviam subestimado a visão de mundo apocalíptica de Jesus ou tinham-na ignorado, com vistas a se concentrar no estudo dos seus princípios éticos.

Schweitzer queixava-se dizendo que os biógrafos do século 20 haviam se preocupado demais com a constituição psicológica de Jesus. Ele achava que se ocupar disto era uma tarefa quase impossível e que só serviria para suscitar a projeção psicológica do historiador no biografado. Todavia, apesar das suas queixas à atitude dos biógrafos que haviam tentado adivinhar o psiquismo de Jesus, o próprio Schweitzer não conseguiu evitar fazer a mesma coisa.

Na visão dele, Jesus acabou perdendo a convicção de que Deus interviria para fundar o seu reino no mundo. Para ele, meditando na mensagem do profeta Isaías (capítulo 53), Jesus concluiu que deveria sofrer e morrer. Com isso, Jesus esperava forçar Deus a agir:

> [João] Batista aparece e clama: "Arrependam-se, pois o reino do céu está próximo." Logo depois, Jesus chega e, sabedor de que era o aguardado Filho do Homem, se apodera da roda do mundo para pô-la em movimento naquela última revolução que se destinava a findar a história comum integralmente. Mas ela se recusa a girar, e Ele se esforça para movê-la. Então, ela se move e o esmaga. Em vez de gerar as condições escatológicas, Ele as destruiu. A roda continua avançando, e o corpo destroçado do Messias imensuravelmente grande, forte o bastante para se achar o governador espiritual da humanidade e submeter os rumos da história a seus objetivos, está imóvel agora, dependurado nela. Esses são a sua vitória e o seu reino.*

Portanto, Jesus foi crucificado; porém, uma vez mais, ele se enganara. O mundo não acabara. Logo, com a sua morte, iniciara-se uma nova fase da história, a qual Jesus não tinha previsto. O Jesus histórico de Schweitzer é, pois, uma figura alienadora. As pessoas modernas não conseguem se identificar com ele. Sua época, cultura e aspirações são simplesmente diferentes demais para que consigamos descobrir pontos em comum. "Jesus, como personalidade histórica concreta, continua a ser um estranho no nosso tempo, mas seu espírito, que jaz oculto nas suas palavras, pode ser conhecido por sua simplicidade, cuja influência é direta."**

O Jesus de Schweitzer é uma figura complexa, irônica e trágica. É difícil encontrar uma descrição mais fascinante. Mas devemos questionar: Jesus se preocupava mesmo com eras antigas e modernas? Ou essa preocupação foi uma projeção psicológica de Schweitzer gerada pelo seu próprio preconceito?

---

* Schweitzer, *Quest*, pp. 368-9.
** Schweitzer, *Quest*, p. 400.

BULTMANN: PREGAÇÕES CRISTÃS PRECISAM SER TRADUZIDAS (SÉCULO 20)

Depois de um século em que se produziram biografias bem criativas de Jesus, alguns estudiosos tentaram restaurar a imagem do Cristo da fé. Na prática, tais estudiosos abandonaram seu projeto de revisionismo histórico em favor da teologia. O teólogo alemão Martin Kähler (1835-1912) apresentou argumentos em defesa de uma iniciativa semelhante no seu *The So-Called Historical Jesus and the Historic, Biblical Christ* (publicado em 1896). Kähler argumentou que os evangelhos eram documentos teológicos, feitos com a intenção de ser interpretados como tais. Os que tentavam interpretá-los como documentos históricos contrariavam o bom senso. Em suma, para ele, a "busca" do Jesus histórico seguia um caminho errado. Kähler ponderava que o teólogo cristão deveria concentrar-se em Jesus Cristo como uma figura que transcende sua conjuntura histórica. O Cristo de Kähler era, portanto, uma personalidade desatrelada do contexto judaico do século 1. Aliás, o número de biografias sobre Jesus produzidas na Alemanha foi menor na primeira metade do século 20 (em comparação com os dois séculos anteriores).

Rudolf Bultmann (1884-1976), discípulo de Kähler, foi uma das exceções. Ele pretendia interpretar teologicamente a importância de Jesus (assim como Kähler), mas também estava interessado na histórica missão pública de Jesus. O *Jesus* de Bultmann foi publicado em 1926, obra que plantava Jesus com firmeza no contexto da vida judaica do século 1. Bultmann não pretendia escrever uma biografia de fundo psicológico. Acreditava que essa abordagem havia chegado a um beco sem saída. Entretanto, apresentou um resumo dos componentes básicos da vida e dos ensinamentos de Jesus. Bultmann achava que Jesus constituía um assunto histórico interessante; mas ele, tal como Kähler, acreditava que o Jesus histórico era apenas um pioneiro da teologia, e não alguém de suma importância para os cristãos. Bultmann acreditava que o Cristo do encontro pessoal era muito mais importante do que o Jesus histórico. E foram os escritos teológicos de Bultmann — centrados nas crenças e na formação do cristianismo primitivo — que geraram impacto duradouro. Aliás, é bem difícil exagerarmos o tamanho da influência de Bultmann nesse campo de pesquisa.

Sob muitos aspectos, sua paixão pela restauração da verdade sobre Jesus fora ofuscada por uma paixão pela restauração das características originais da

Igreja primitiva. Bultmann foi expoente de uma teoria chamada "A Crítica da Forma". Ele e seus alunos se tornaram famosos devido a um método de classificação das várias unidades das tradições evangélicas baseadas nas suas formas literárias. Cada passagem constante nos evangelhos era vista como uma unidade literária. Todavia, o mais importante é que cada máxima e cada episódio revelavam algo sobre o ambiente social dos primeiros cristãos e também sobre o Jesus histórico, embora, neste caso, muito pouco. Além disto, os críticos da forma recriaram os cristãos primitivos à sua imagem e semelhança, por assim dizer. Tornou-se quase uma obrigação sagrada entre tais estudiosos apegados ao aspecto literário do alvo de seus estudos afirmar que os primeiros cristãos quase não se interessavam por Jesus como figura histórica. Esses primeiros cristãos conheceram Jesus por meio de uma experiência espiritual e religiosa. Por isso, o Jesus que realmente importava — tanto no século 1 como no século 20 era um Jesus que transcendia o contexto histórico.

Tão grande foi o impacto causado por Bultmann que talvez seja melhor considerarmos sua carreira sob dois aspectos. Existem o Bultmann "teólogo" e o "historiador". E devo reconhecer que o primeiro ofuscava o segundo. O teólogo queria tornar o evangelho de fácil compreensão para os cidadãos da era contemporânea. Argumentava que os temas e a mensagem do Novo Testamento haviam sido transmitidos na "linguagem da mitologia". E acrescenta: "Por isso, [as prédicas do cristianismo primitivo a respeito de Jesus] são difíceis de acreditar para o homem moderno, pois ele está convicto de que a visão mítica do mundo é algo obsoleto."* De acordo com Bultmann, não podemos esperar que as mentalidades modernas acreditem em seres míticos. Desse modo, Bultmann tentou traduzir os elementos "essenciais" do Novo Testamento para o mundo moderno. Para que as pessoas de mentalidade moderna tivessem um encontro com Jesus ou o conhecessem, as "referências míticas" das prédicas a respeito de Jesus deveriam ser "extirpadas". Ele diz em seus escritos:

> Somos obrigados, portanto, a perguntar se, quando pregamos o Evangelho hoje, esperamos que os nossos conversos aceitem não apenas a mensagem evangélica, mas também a visão mítica do mundo em que ela está

---

* Bultmann, R., "The New Testament and Mythology", in *Kerygma and Myth: A Theological Debate*, ed. H.-W. Bartsch (Nova York: Harper and Row, 1953), pp. 2-3.

inserida. Se não esperamos, o Novo Testamento contém uma verdade que é totalmente independente dos seus ambientes míticos? Se ele contém, os teólogos devem abraçar a tarefa de livrar [as prédicas a respeito de Jesus] da sua aura mítica, de "demitologizá-las".*

Para Bultmann, a "aura mítica" dos evangelhos oculta a essência da mensagem cristã. Uma maneira de pensar que funcionava para os detentores de uma visão de mundo antiga impedia agora que Jesus fosse visto com uma visão de mundo moderna. Poderíamos dizer que Bultmann, "o teólogo", foi um evangelizador dos filhos do Iluminismo.

Bultmann, "o historiador", trabalhou com base nessa premissa, mas tinha objetivos diferentes. Ele acreditava que a linguagem da mitologia ocultava também a maior parte da vida de Jesus dos meios de pesquisas históricas. Assim, além de expurgar o conteúdo mitológico das pregações cristãs, Bultmann erradicou também as pregações cristãs do Jesus autêntico. Na primeira delas, ele o fez em benefício da moderna teologia; na segunda, em prol da história. Poderíamos visualizar esses dois objetivos da seguinte forma:

Para o teólogo (primeiro objetivo): a mitologia oculta a autêntica prédica cristã. Por isso, é necessário eliminar dela a linguagem do mito e, assim, restaurar a essência da fé.

Para o historiador (segundo objetivo): a mitologia oculta o Jesus histórico. Portanto, a linguagem mitológica deve ser extirpada da sua mensagem e se restaurar a imagem do Jesus autêntico.

Bultmann quase desvinculou seus interesses históricos por Jesus dos seus interesses teológicos pelas prédicas cristãs. Por isso, vemos Bultmann produzir algo completamente diferente do projeto de Jefferson. Visto que, embora ambos houvessem tentado divorciar Jesus das histórias mitológicas a seu respeito, eles tinham ideias diferentes quanto ao passo seguinte na conclusão das suas obras. Jefferson achava que os verdadeiros ensinamentos éticos de Jesus deveriam se tornar os fundamentos da moderna religião. Bultmann achava que a moderna religião deveria ser erigida sobre a essência espiritual dos primeiros pregadores cristãos.

---

* Bultmann, "Mythology", p. 3.

LINNEMANN: REAÇÃO NEGATIVA ÀS IDEIAS DE BULTMANN (SÉCULO 20)

O impacto que Bultmann causou nos estudiosos dos evangelhos, nas origens do cristianismo e no Jesus histórico foi enorme e continua a ser sentido até hoje. Durante a maior parte do século 20, estudiosos analiticamente estratificaram as camadas ideológica ou religiosamente sobrepostas aos evangelhos para descobrir o Jesus original, na tentativa de verificar o que era parte das primeiras pregações do cristianismo ou o que fora inventado muito tempo depois. Foi o projeto chamado "A Crítica da Forma", cujos responsáveis prometiam aplicar um sistema de classificação mais científico aos ensinamentos de Jesus e aos evangelhos. Ao longo de gerações, alguns especialistas em crítica historiográfica foram motivados pelos métodos da Crítica da Forma, enquanto outros se opuseram totalmente.

De certo modo, Rudolf Bultmann foi vítima do próprio sucesso. Duas consequências correlacionadas decorreram desse projeto. A primeira foi que os adeptos da Crítica da Forma se preocupavam com os ambientes sociais da Igreja. Achavam que quase todas as palavras atribuídas a Jesus revelavam algo sobre uma comunidade hipotética. Por exemplo, para eles o Evangelho de João provinha da sua própria comunidade. Segundo essa visão, cada evangelho foi composto dentro do ambiente de uma mentalidade grupal, e isso revelava as preocupações do grupo. Eles achavam também que essas comunidades eram muito criativas; tinham inventado o mito de Jesus com base nas suas próprias experiências religiosas e preocupações sociais. Assim, em vez de restaurar a imagem autêntica de uma figura histórica, esses estudiosos começaram a reconstituir as criações imaginárias de grupos hipotéticos. A segunda tem a ver com o fato de que Bultmann, em vez de ter conseguido tornar a "essência" de Jesus mais atraente para as pessoas comuns, tornou-se vilão para muitos cristãos. Suas teorias eram tão convincentes que muitos fiéis reagiram de forma irracional às suas ideias. Alguns entre os ultraconservadores rejeitavam totalmente os estudos históricos. Foi o caso de uma das suas próprias discípulas: a teóloga protestante alemã Eta Linnemann (1926-2009).

CONHEÇA ESTA PALAVRA: PÓS-MODERNO

A palavra pós-moderno começou a ser usada na língua inglesa no século 20. O termo é empregado, às vezes, para se fazer referência a uma coisa, ideia, estilo etc. surgidos após uma versão moderna dessa coisa, ideia, estilo etc. Pós-moderno é o termo que designa também um método de crítica filosófica que questiona (ou invalida) as suposições e os resultados do pensamento moderno.

O trabalho inicial de Linnemann sobre as parábolas e a Paixão de Cristo se harmonizava muito com o projeto do seu mentor. Ela se dispôs a explicar os ambientes sociais que deram origem às histórias. Concluiu que os ensinamentos de Jesus (na sua maioria) haviam sido compostos por e para os primeiros cristãos. Relatos de eventos sobrenaturais presentes nos evangelhos eram pura invenção. Linnemann fazia sucesso no mundo acadêmico. Seus livros eram lidos por muita gente, e ela acabou se tornando professora da Philipps University, em Marburg, Alemanha. Aliás, a teóloga achava que as suas pesquisas eram um serviço prestado a Deus. Mas Linnemann teve uma crise de consciência: após anos estudando história e realizando pesquisas com o método criticista, concluiu que nenhuma verdade importante poderia resultar da sua vida profissional. Mas o pior é que as suas pesquisas haviam criado um certo obstáculo para as pregações cristãs. Ela publicou a seguinte reflexão em 1985:

Hoje, sei que devo aquelas descobertas iniciais aos efeitos incipientes da graça de Deus. No início, porém, as coisas que percebi me levaram a uma desilusão profunda. Reagi a isso contraindo vícios com que eu pudesse atenuar a minha infelicidade. Tornei-me escrava da vontade de assistir a programas televisivos e caí num alcoolismo cada vez mais grave. Minha amarga experiência pessoal finalmente me convenceu da verdade do que afirma a Bíblia: "Quem achar a sua vida perdê-la-á" (Mateus 10:39). Àquela altura, Deus me pôs em contato com cristãos empolgantes que haviam tido uma experiência pessoal com Jesus, reconhecendo-o como seu Senhor e Salvador. Ouvi seus testemunhos, em que relataram o que

Deus fizera nas suas vidas. Por fim, o próprio Deus falou ao meu coração por intermédio das palavras de um irmão cristão. Pela graça e pelo amor de Deus, entreguei a minha vida a Jesus.*

Conforme ela mesma diz, "tornara-se evangélica". Quando confiou sua vida a Jesus, foi tirada da depressão, da ociosidade e do alcoolismo. Sob todos os aspectos, sua conversão operou nela uma grande transformação, com resultados muito positivos. No entanto, ela travou um relacionamento antagônico com o próprio passado, incluindo sua relação anterior com Jesus.

Na visão de Linnemann, o encontro espiritual com Jesus forçou-a a retratar-se e arrepender-se da sua profissão anterior. Ela declarou que seus estudos históricos eram pecaminosos e ridicularizou suas antigas publicações: "Considero lixo tudo que ensinei e escrevi antes de eu ter entregado minha vida a Jesus."** Jogou seus livros e artigos fora e recomendou a seus leitores que fizessem o mesmo. Seu novo relacionamento existencial com Jesus convenceu-a a jogar fora a sua imagem anterior.

A meu ver, a experiência de Linnemann reflete a de muitos estudiosos e seminaristas que lidaram com pesquisas sobre Jesus. É comum esses estudiosos abraçarem programas de estudos históricos (assim como Linnemann fizera no início da vida adulta) ou optar por trilhar um caminho anti-intelectual em que fé e história se enfrentam (tal como acontecera com Linnemann numa fase posterior da sua vida). Mas cumpre considerar que a reação pessoal de Linnemann à situação da sua vida anterior não teria sido possível sem uma aguçada capacidade intelectual para analisar criticamente sua própria metodologia. Suas publicações pós-conversão ganham um teor cáustico e hostil contra a cultura universitária e os estudos de crítica histórica de modo geral.

Embora seu tom e sua retórica sejam extremamente hostis, Linnemann fez uma observação sagaz e necessária: o historiador consegue dissimular sua ideologia apenas com uma tênue aparência de objetividade. Ela argumentou que o estudo da crítica histórica não é uma metodologia — é uma ideologia

---

* Linnemann, E., *Historical Criticism of the Bible: Methodology or Ideology: Reflections of a Bultmannian Turned Evangelical*, trad. Robert W. Yarbrough (Grand Rapids: Kregel, 1990), p. 18.
** Linnemann, *Historical Criticism*, p. 20.

cheia de preconceitos. Com certeza, ela nos fornece uma explicação parcial da razão pela qual historiadores continuam a projetar psicologicamente seus próprios preconceitos e ideais em Jesus. Conquanto seja errôneo rotulá-la de "pós-modernista", Linnemann nos dá uma das mais importantes lições sobre análise crítica pós-modernista: o estudo científico costuma fragmentar demais aquilo que analisa ou observa. A tendência moderna é examinar minuciosamente, analisar criticamente, classificar e dar caráter utilitário ao seu objeto de estudo. Contudo, o que acontece quando o olhar crítico dos estudiosos modernos se volta para si mesmo? O que acontece quando a mente intelectualizada começa a examinar minuciosamente, analisar criticamente, classificar e dar caráter utilitário a si mesma? O resultado inevitável disto é que começamos a analisar criticamente a crítica.

Gutiérrez: Jesus como Modelo de Libertação (séculos 20 e 21)

O peruano Gustavo Gutiérrez (1928) é mais conhecido pelo impacto do seu pensamento teológico; é considerado o pai da "teologia da libertação". Padre dominicano, dedicou a maior parte da vida aos habitantes de Lima e ao estudo da pobreza global. Sua ênfase prática e teórica na pobreza influenciou sua interpretação da vida de Jesus. É verdade também que a sua devoção a Jesus influenciou seu interesse pela pobreza. Gutiérrez estudou medicina, psicologia e filosofia antes de se tornar teólogo profissional.

No seu livro *Teologia da libertação: perspectivas* (Edições Loyola, 2000), Gutiérrez descreve três tipos de pobreza: material (privações); espiritual (sinceridade e confiança num Deus amoroso) e voluntária (protestos contra sistemas que impõem a pobreza material). A última delas, a pobreza voluntária, fundamenta-se numa interpretação da doutrina da encarnação de Cristo. Gutiérrez argumenta que Cristo optou por viver junto aos pobres para amá-los e desafiar os sistemas opressivos que os faziam sofrer. Aos seguidores de Cristo (de todas as épocas e lugares), portanto, ele recomenda que abracem uma vida de "infância espiritual", com a renúncia às riquezas materiais.

Para dar cumprimento a esse programa, Gutiérrez procura reconstituir o contexto da vida e do ministério de Jesus. Ele começa traçando várias semelhanças entre Jesus e os chamados zelotes. Gutiérrez partiu do pressuposto de que Jesus e seus seguidores tinham muita coisa em comum com os revolucionários políticos do seu tempo.* Ele foi levado pelas muitas semelhanças entre Jesus e esses ideólogos zelotes. A principal diferença entre ambos, de acordo com Gutiérrez, era que Jesus não se envolvia com ações nacionalistas. Ao contrário disto, a mensagem de Jesus tinha alcance universal.

O Jesus de Gutiérrez não se enquadrava bem nos outros grandes grupos judaicos. Jesus repudiava o poder da elite dos saduceus. Jesus tinha repugnância pelas políticas opressivas de Herodes. Criticava a "religião feita exclusivamente de leis e a observância de atitudes ou atos exteriores", algo que o fez entrar "em violento conflito com os fariseus".** Por fim, Gutiérrez propõe que Jesus se opunha às autoridades romanas. Segundo ele, Jesus, embora não fosse zelote, era considerado zelote por Roma e foi executado por causa disto. "Jesus morreu nas mãos das autoridades políticas, os opressores do povo judeu." Jesus, nesse projeto revisionista, era um aliado das pessoas comuns do povo judeu, mas um oponente de todos aqueles que as oprimiam. Por fim, a ressurreição de Jesus é como uma proclamação de libertação espiritual e política.

Está claro que o Jesus de Gutiérrez é uma recriação de revisionismo histórico destinada a contestar aquilo que ele via como um cristianismo hierarquizado e excessivamente espiritualizado. Na visão dele, é enorme o número de cristãos que "considera ponto pacífico que Jesus não se interessava por política: a missão dele era exclusivamente religiosa". Mas o autor afirma que os adeptos dessa suposição não se apercebem da personalidade histórica de Jesus. "A vida de Jesus é, portanto, posta fora do âmbito histórico, ficando desvinculada das forças reais em jogo. Jesus e aqueles com os quais ele fez amizade, ou os que ele enfrentou e cuja hostilidade atraiu sobre si, são desprovidos de todo conteúdo humano." Gutiérrez argumenta que devemos reanalisar a vida de Jesus "com respeito pelo Jesus histórico, sem tentar impor fatos relacionados

---

* O consenso entre estudiosos contemporâneos é que os zelotes se uniram para criar um movimento político somente no final do século 1. Portanto, Gutiérrez lança mão desse grupo na sua reconstituição de forma anacrônica. Mas certamente existiram revolucionários políticos (ou pessoas que tinham visão insurgente) no tempo de Jesus.

** É decepcionante o fato de Gutiérrez ter optado por reproduzir a generalizada falácia cristã de que a religião dos fariseus era legalista e opressiva. Além do mais, teologias que apresentam um Jesus que se opunha a seus compatriotas contribuem para a tendência histórica da perseguição dos judeus pelos cristãos. Embora Gutiérrez devesse ser louvado por enaltecer e realçar os ensinamentos de Jesus relacionados com a pobreza, ele prejudica seu próprio projeto ao fomentar a suposição teológica que promove uma forma de opressão com séculos de duração. O fato de ele usar, nesse contexto, a expressão "violento conflito" (ainda que metaforicamente) é ainda mais problemático.

com as nossas preocupações atuais". Gutiérrez ponderou também que a vida de Jesus, uma vez devidamente contextualizada no seu ambiente histórico, daria origem a uma teologia cristã melhor e mais apropriada. Chamou isto de "teologia da libertação".

Hoje, a teologia da libertação se apresenta de várias formas. O projeto de Gutiérrez, embora imperfeito, influenciou o trabalho de James Hal Cone, que criou um sistema teológico compatível com a experiência de vida dos afro-americanos, enquanto Andrew Park ampliou esse trabalho numa adaptação para o modo de vida dos coreanos. A teologia de Gutiérrez é reproduzida com frequência nas palavras e nos atos do Papa Francisco.

Futuras Perspectivas:
Quatro Vozes Inspiradoras (século 21)

Dos anos de 1970 em diante (com o auge da demanda na década de 90), livros sobre o Jesus histórico se tornaram uma indústria. Estudiosos como John Dominic Crossan e N. Thomas Wright venderam milhões e foram convidados para dar palestras sobre a vida de Jesus em várias partes do mundo. O Mestre Nazareno foi astro de filmes, documentários e inúmeras capas de revistas. Para aproveitar o embalo da mídia gerado pela cultura popular, professores de faculdades e universidades foram entrevistados por grandes veículos de comunicação, de modo que confirmassem ou corrigissem o último lançamento de revisionismo histórico da vida de Jesus. Os quatro nomes a seguir (ainda) não conquistaram o máximo de tempo possível em programas televisivos, nem se tornaram alvo da febre de entusiasmados comentários no Twitter, mas seus avanços em pesquisas sobre o Jesus histórico continuam a inspirar meu trabalho. A meu ver, eles apontam o caminho para futuras inovações e correções nessa área: Dale C. Allison, Jr., Chris Keith, Amy-Jill Levine e Dagmar Winter.

Em matéria de pesquisas sobre Jesus, os quatro não são como os gigantes do Monte Rushmore, monumento que homenageia os grandes do passado. Eles não são os Beatles, representando um gigantismo de popularidade ao longo de gerações. Allison, Keith, Levine e Winter são mais comparáveis aos Quatro Cavaleiros do Apocalipse, profetizando o futuro próximo. Não tentarei resumir o conjunto dos seus respectivos trabalhos, que é considerável. Estes poucos parágrafos tratarão apenas do que considerei o impressionante impacto causado por eles nessa área como um todo.

Amy-Jill Levine contribuiu sobremaneira para corrigir os equívocos dos estudos sobre a vida judaica no século 1 e a sua relação com o nascente legado de Jesus no pensamento cristão. Essa parte do seu trabalho amplia as pesquisas de David Flusser, E. P. Sanders, dentre outros. Ela se resume ao seguinte: *Como podemos entender Jesus e a sua importância se interpretamos mal a sua cultura?* Para se entender o estilo de vida judaico no século 1, é necessário ter finura de espírito e capacidade para compreender assuntos complexos. A correção de crenças simplistas existentes de longa data nos ajuda a entender Jesus e as origens cristãs. Levine fala também com franqueza a respeito do seu constante investimento em esforços para a harmonia entre judeus e cristãos. Tratando a questão da vida de Jesus sob o ponto de vista de um judeu, seu trabalho serve para conscientizar judeus e cristãos, fazendo-os entender que Jesus foi um rabino no século 1. Em vista do histórico de Inácio, de Marcião, do Evangelho de Gamaliel, de Renan (de cujo trabalho tratei neste livro) e de tantos outros episódios de antijudaísmo na história do cristianismo, o constante interesse no judaísmo de Jesus é um bom remédio para o problema.

Dale Allison deu uma contribuição do mais alto nível de sofisticação à compreensão da mensagem profética de Jesus, com vistas a elucidar seus objetivos apocalípticos e escatológicos. Para tanto, ele se baseou nas teorias de Albert Schweitzer e de outros que concentraram seus estudos na visão de Jesus do fim dos tempos e do Juízo Final. Fundamentado nisto, foram muitos os casos em que ele refutou a presunção dos que prefeririam retratar Jesus somente como um sábio ou reformador social. Mas o que acho mais interessante no trabalho de Allison provém do seu crescente ceticismo de serem os evangelhos narrativas históricas. Não que ele considere os evangelhos ficção, mas, ainda que essas primeiras histórias do cristianismo resultem de memorizações, a memória é frágil e quase sempre enganosa. Embora eu não parta do mesmo princípio de Allison — ou seja, sou mais otimista —, sou impelido pelo método que resulta disso.* Allison argumenta que, se queremos ver o Jesus histórico ressuscitado, precisamos encontrar exemplos de força dialética, temas e reiterações espalhados por muitos documentos e obras de vários gêneros literários e artísticos. Para usar a analogia das artes visuais, o historiador

---

* Cumpre considerar que o ceticismo de Allison não é absoluto. Ele parece muito confiante na capacidade do historiador para restaurar a originalidade da impressão geral deixada por Jesus. Embora seja cético em relação a detalhes específicos dos evangelhos, Allison parece (às vezes) otimista com o resultado do seu trabalho restauracionista de modo geral.

tem que recuar no passado e examinar as reiteradas características de uma série de representações sobre um tema semelhante. Foi por isso que chamei o método de Allison de "Impressionismo Histórico".

Dagmar Winter (juntamente com o seu mentor Gerd Theissen) apresentou uma das mais importantes inovações nessa área de estudos. Embora tenha recebido muito pouca atenção pelo feito, seu trabalho sobre "plausíveis" efeitos históricos põe em xeque séculos de pesquisas sobre o Jesus histórico. Ele argumenta que contradições óbvias nos evangelhos representam a nossa maior esperança para a consecução de uma plausível descrição histórica da vida de Jesus. Em outras palavras, contradições não são obstáculos para trabalhos de restauracionismo histórico; na verdade, ocorre justamente o contrário. Autores de estudos sérios de gerações anteriores descobriam uma contradição nos evangelhos e logo rejeitavam os trechos irrelevantes (considerados duvidosos e, pois, sem valor histórico). Por exemplo, se João 3:22 afirma que Jesus realizava batismos, mas em 4:2 diz o contrário, a maior parte dos estudiosos percebia a contradição e fazia pesquisas em outras fontes em busca de dados históricos mais confiáveis.* Em outras palavras, por causa dessa contradição, nunca conseguimos saber se o próprio Jesus de fato batizava os seus seguidores. Mas Winter argumenta que, se a contradição puder ser sanada com uma explicação para ambas as versões contraditórias, estaremos muito perto da verdade histórica. A verdade é aquilo que melhor explica ambos os lados da contradição. Tais incoerências "acidentais" representam nossa maior esperança

---

* João 3:22 diz o seguinte: "Depois disto foi Jesus com seus discípulos para a terra da Judeia, onde se demorou com eles e batizava." Aqui, temos uma indicação clara de que Jesus, juntamente com seus discípulos, realizava batismos. Mas o narrador do Evangelho de João se sente incomodado com tal afirmação. Assim, ele faz uma interpolação em João 4:1-3: "Quando, pois, o Senhor soube que os fariseus tinham ouvido dizer que ele, Jesus, fazia e batizava mais discípulos do que João (ainda que Jesus mesmo não batizasse, mas sim os seus discípulos), deixou a Judeia e foi outra vez para a Galileia."

Às vezes, no Evangelho de João, o narrador faz uma interpolação que contradiz a fluência natural da história. Por isso, o historiador questiona: por que o narrador está tão preocupado com a possibilidade de acharmos que Jesus batizava? E por que é problema o fato de que os fariseus acham que ele batizava?

Quase todos os comentários sobre João indicam que o narrador (1) quer enaltecer João Batista em detrimento de Jesus e (2) pretende fazer com que os líderes judeus pareçam pessoas más. Não tenho dúvida de que esses dois objetivos influenciaram a mensagem em João 4:1-3. Mas, embutido nesse espúrio registro de tradição oral politicamente adverso, existe um registro da tradição oral de um boato relacionado a Jesus. Poderia ser que alguns fariseus do final do século 1 acreditassem que Jesus batizava pessoas *em massa*? A julgar pela forma com que o narrador apresenta este fato, eu me vejo inclinado a achar que sim.

para chegarmos a uma representação plausível dos fatos. Não é tarefa do historiador definir com precisão o passado real, mas explicar uma história de efeitos plausíveis. Assim, às vezes afirmações históricas contraditórias nos levam a uma solução que explica ambas. Quando uma boa explicação para ambas as afirmações pode ser apresentada de forma convincente, conseguimos chegar à reconstituição plausível de um fato sobre Jesus.

A principal especialidade de Chris Keith está no estudo da alfabetização e do uso de textos no ambiente judaico e do cristianismo primitivo do século 1. Ele também se tornou o maior expoente da teoria da memória coletiva com suas pesquisas sobre o Jesus histórico. Keith se baseia nos trabalhos de Jens Schröter, Tom Thatcher, Alan Kirk e outros.* Ele não é o primeiro a aplicar a teoria da memória coletiva a pesquisas sobre Jesus, mas ninguém publicou sobre o assunto com a profusão de Keith. De acordo com a teoria da memória coletiva, nenhum tipo de memória é totalmente "pessoal" ou "individual", pois toda memória está contida em um ambiente de convívio social. Até nossos pensamentos íntimos são motivados e retidos por nossas mentes socialmente condicionadas. Além disto, a memória é volátil. Está sempre evoluindo para atender às necessidades do presente. Isto vale tanto para indivíduos quanto para grupos. Aplicando esses princípios a seus estudos sobre Jesus, Keith vê os evangelhos como frutos do local geográfico da memória coletiva. Ele argumenta que a melhor maneira de se fazer a restauração da vida de Jesus é explicar os evangelhos exatamente da forma com que se apresentam. Ao historiador cumpre a tarefa de explicar quando os cristãos passaram a pensar do jeito que o faziam, e deve-se entender por isso a necessidade de se explicar também, até onde possível, a precisão e a imprecisão dos seus relatos. Keith rejeita as tentativas de outrora de se dividir os evangelhos em unidades menores e rotulá-las como "autênticas" ou "espúrias". Ao contrário, para ele todas as partes dos evangelhos devem ser analisadas na condição de produtos de memória coletiva (fenômeno que, ao mesmo tempo, distorce e dá continuidade ao impacto de acontecimentos passados). Portanto, a originalidade da vida e das mensagens de Jesus pode ser restaurada com a análise das formas pelas quais ele foi lembrado.

---

* Eu tenho a felicidade e a gratidão de fazer parte desses "outros".

Conclusão

Durante a maior parte dos 2.000 anos de história das representações artístico-literárias da vida de Jesus, pensadores criativos se preocuparam com a questão de entender de que forma Jesus se enquadra no campo da teologia. Os que não se interessavam por "assuntos sobre Deus" costumavam usar Jesus para retratar algo a respeito da experiência humana. Com um afastamento consciente dessas coisas, a moderna elite intelectual tentou corrigir descrições "neutras" da vida de Jesus. Para alcançar tal objetivo, historiadores tentaram melhorar sua compreensão das origens culturais do Mestre Nazareno e procuraram estabelecer correlações entre os ensinamentos de Jesus e o ambiente político em que ele vivia. Para muitos, Jesus foi uma personalidade forte que inaugurou uma nova era. Por isso, o legado de Jesus foi usado para explicar o surgimento de uma nova religião.

Na era moderna, o judaísmo de Jesus se tornou uma questão decisiva para explicar sua vida e seus ensinamentos. Enquanto gerações anteriores atribuíram a Jesus o status de modelo de ser humano ou de emissário divino, historiadores recentes se concentraram em pesquisas sobre o contexto da vida particular de Jesus e o ambiente público vivido por ele na antiguidade. Em muitas descrições antijudaicas do Mestre Nazareno criadas pela elite intelectual ao longo dos séculos, o judaísmo de Jesus foi considerado questionável (ou foi terminantemente rejeitado), mas sua vida na cultura e no culto religioso dos judeus da Galileia agora é aceita pela história.

Contudo, historiadores não são imunes aos problemas de tendenciosidade. Historiadores modernos, embora talvez mais criteriosos do que seus antecessores, continuam a abonar velhas suposições e a introduzir novos erros. É por isso que o "Jesus histórico" é alvo de debates permanentes, em vez de uma solução definitiva.

Cinco livros sobre filosofia e metodologia em pesquisas sobre Jesus

Allison, D. C., Jr. *Constructing Jesus: Memory, Imagination, and History* (Grand Rapids: Baker Academic, 2013).

Denton, D. L., Jr. *Historiography and Hermeneutics in Jesus Studies: An Examination of the Work of John Dominic Crossan and Ben F. Meyer* (The Library of New Testament Studies; Londres: Bloomsbury/T&T Clark, 2004).

Le Donne, A. *The Historiographical Jesus: Memory, Typology, and the Son of David* (Waco: Baylor University Press, 2009).

Meyer, B. F. *Critical Realism and the New Testament* (Princeton Theological Monograph Series; Eugene: Pickwick, 1989).

Theissen G. e Winter, D. *The Quest for the Plausible Jesus: The Question of Criteria*, trad. M. E. Boring (Louisville: Westminster/John Knox Press, 2002).

CAPÍTULO CINCO

JESUS NA CULTURA POP

"Eu fui tão bom no boxe que eles tiveram que criar a imagem de alguém como Rocky, a imagem de um homem branco no cinema para se contrapor à minha imagem no ringue. A América precisa ter suas imagens de grandes homens brancos, não importando de onde as tira: seja de Jesus, da Mulher Maravilha, do Tarzan e do Rocky."

Muhammad Ali

INTRODUÇÃO: RELAÇÕES E REFLEXÕES

Jesus é um elemento importante na história da literatura, mas não necessariamente nos livros acadêmicos. Aliás, a cultura literária da antiguidade nos dá acesso a exemplos de conversas simples e cotidianas.

Os cristãos primitivos figuram entre os primeiros (talvez os primeiríssimos) que adotaram o códice, em vez de usarem pergaminhos, para o registro dos seus textos sagrados. A palavra Bíblia provém das palavras latina e grega que designam "livro". A Bíblia impressa de Gutemberg marcou o início da era de produção em massa de livros no Ocidente. Embora seja verdade que Jesus constitui um assunto importante para a elite intelectual, ele tem causado um impacto muito maior na cultura pop.

Por exemplo, no século 15, Tomás de Kempis (ele mesmo alguém muito instruído) escreveu um livro para ensinar práticas espirituais aos plebeus. A obra foi intitulada *Imitação de Cristo* (cerca de 1420) e se tornou um dos livros mais apreciados de todos os tempos. O autor demonstra no livro pouco interesse por Jesus como figura histórica. Ao contrário, ele procura ensinar aos cristãos a forma pela qual podem ser fiéis a Jesus e imitar sua vida com disciplina e humildade. *Imitação de Cristo* continua a ser um dos guias devocionais mais usados entre os cristãos. Porém, o mais importante é que algumas das suas lições mais valiosas são transmitidas do pregador ao cristão, do professor de catecismo ao catequizando e do guia espiritual ao buscador da verdade sem referência explícita ao livro. Em suma, algumas das ideias de Tomás de Kempis estão tão entranhadas nos ensinamentos espirituais cristãos que pessoas reproduzem sua mensagem sem saber disto. É o que acontece também com a cultura pop: uma questão de "senso comum" pode ter algo a ver com a cultura literária, mas ganha identidade própria.

Portanto, é difícil mensurar a popularidade de Jesus no mundo moderno sondando o pensamento intelectual, mas referências de cunho popular a Jesus em livros de todos os tipos (não limitados aos acadêmicos) podem nos dar alguma ideia disto. Usando o Ngram Viewer, aplicativo on-line do Google Books, podemos sondar um enorme acervo de livros digitalizados. O Ngram Viewer mostra quantas vezes uma palavra ou expressão foi usada em publicações editadas ao longo de certo período. Considere, por exemplo, o gráfico da figura 28, na página seguinte, em que aparece o demonstrativo estatístico de livros publicados em língua inglesa desde o ano 1800. Nele, podemos ver, nas expressões de cultura pop, o uso dos nomes de Jesus Cristo, Abraham Lincoln e Adolf Hitler.*

Observe que o emprego combinado das palavras "Jesus" e "Cristo" na pesquisa indica que houve uma diminuição no uso popular desses termos a partir de meados do século 19 até o século 20. Tal diminuição parece indicar que os habitantes dos países de língua inglesa ficaram menos interessados no nome de Jesus Cristo. No entanto, até mesmo no ponto mais baixo dessa tendência (por volta de 1940), o nome de Jesus Cristo ainda era duas vezes mais popular nas manifestações da cultura pop do que Adolf Hitler ou Abraham Lincoln. (Escolhi esses dois nomes para representar figuras históricas que continuam a despertar atenção na cultura pop.) A questão, portanto, não é *se* Jesus é um tema da cultura pop, mas *de que forma Jesus é usado* como assunto dessa cultura.

---

* É o máximo que pesquisas no acervo de livros digitalizados do Google Books consegue revelar. Provavelmente, esse gráfico (embora impreciso) indica mesmo tendências gerais no pensamento popular. Nessa pesquisa, usei os nomes "Jesus Cristo, Abraham Lincoln, Adolf Hitler".

Figura 28 O gráfico Ngram de Cristo, Lincoln e Hitler. O eixo X representa o período de divulgação ou edição das publicações pesquisadas; o eixo Y representa o percentual de uso dos nomes nessas publicações.

O gráfico abaixo mostra um aumento acentuado da expressão "relação com Jesus" nas manifestações da cultura pop entre 1970 e 2005. Também demonstra que, antes do século 20, a expressão não era popular.

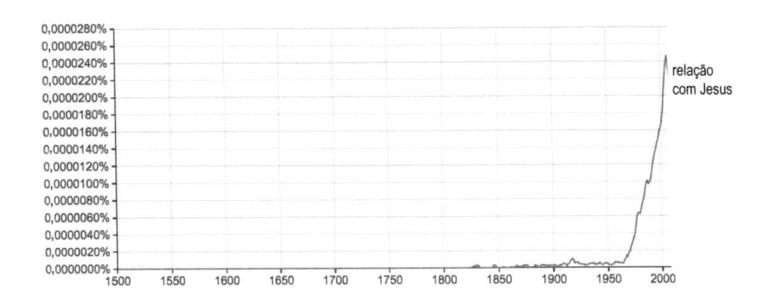

Figura 29 O gráfico Ngram de "relação com Jesus". O eixo X representa o período de divulgação ou edição das publicações pesquisadas; o eixo Y representa o percentual do uso da expressão nessas publicações.

A ideia de que o cristão fiel pode ter uma relação pessoal com Jesus não é nova. Por exemplo, o tratamento que Agostinho de Hipona deu à questão da Trindade no século 5 explicou a forma pela qual o fiel pode relacionar-se com o Deus intercessor. Nos anos 1400, Tomás de Kempis retrata, num diálogo, uma situação de convivência de Jesus com seus discípulos. Portanto, a tendência que vemos após os anos 1970 não é a invenção de uma nova ideia; ao contrário, ela representa um novo enfoque. De 1970 a 2005 — principalmente entre os evangélicos —, foi se tornando cada vez mais comum dizer que a devoção do fiel a Jesus era uma espécie de relação pessoal com ele. Esse mesmo período apresentou também um aumento no uso da expressão "cristão renascido". Não surpreende, pois, que tais expressões sejam vistas tanto de forma positiva como negativa. As pessoas que se diziam "renascidas" ou que afirmavam ter uma "relação com Jesus" viam essas frases populares de uma forma quase absolutamente positiva.

Por outro lado, no universo da linguagem oral anglicana (e também alhures), esse período foi palco de uma forte reação contra a religião de modo geral, bem como, principalmente, contra o cristianismo. Embora, ainda então, uma minoria relativa, as pessoas de fora do mundo acadêmico se mostravam mais propensas a externar sua desilusão com o cristianismo e com a devoção a Jesus em fins do século 20. Ainda que o uso do nome de Jesus nas manifestações da cultura pop houvesse permanecido intenso, não devemos presumir que Jesus fosse uma personalidade apreciada por todos os escritores que usavam seu nome.

Assim, além do esperado efeito refletor (ou seja, Jesus reflete as crenças e os ideais de determinada cultura), as representações de Jesus na cultura pop adquirem também um caráter subversivo. Quando personalidades artísticas e políticas querem criticar o cristianismo, Jesus se torna um instrumento desse desiderato. Assim, ou (a) Jesus é retratado como alguém com ideais contrários aos do típico cristão moderno, ou (b) Jesus é representado de maneira negativa.

Contudo, convém dizer mais algumas palavras sobre o "efeito refletor": as representações de Jesus refletem a cultura do artista. É óbvio. Porém, considerando que Jesus reflete as necessidades devocionais da cultura religiosa e as necessidades de contestação da cultura secular, podemos dizer que as suas representações populares sempre contrastam e competem entre si. Desse modo, o rosto e os ensinamentos de Jesus foram usurpados para serem usados a favor de instituições religiosas e também contra elas.

CLEPHANE: A CRUZ DOS POBRES

Hinos são um componente fundamental no contato espiritual do cristão com Jesus, e entoar hinos era algo que fazia parte das primeiras igrejas cristãs domésticas do Mediterrâneo no século 1. Embora muitos deles sejam provenientes de famosos líderes cristãos, como Martinho Lutero (1483-1546) e Charles Wesley (1707-88), alguns nasceram como manifestações de fé e orações feitas por pessoas comuns. Em casos assim, os hinos podem funcionar como propiciadores de encontros espirituais com Jesus fora da classe clerical. Hoje, talvez hinos religiosos não sejam elementos importantes da cultura pop contemporânea. Mas, durante séculos, as canções espirituais serviram para preservar a alma das pessoas comuns e projetar a essência da sua fé e suas aspirações em futuras gerações. A história de Elizabeth Clephane, por exemplo, transmite uma mensagem que teria permanecido ignorada se não fosse o jornal que publicou suas palavras após sua morte. Afinal, na condição de pessoa de poucos recursos, geograficamente distante dos grandes centros, e mulher, para a sua voz não havia microfone.

Elizabeth C. D. Clephane (1830-69) era uma cristã escocesa, desprovida de riquezas ou fama. No entanto, era célebre entre seus vizinhos de Melrose por levar alívio aos pobres e enfermos. Segundo consta, ela vendeu seu cavalo e sua carroça para obter recursos que beneficiassem pessoas carentes. Antes de morrer, compôs pelo menos dois hinos, que foram publicados postumamente.

Um deles foi intitulado "Aos Pés da Cruz de Cristo", composição que conta a história de uma longa e cansativa viagem de peregrinação espiritual. Atormentado pelo "calor abrasador do meio-dia", o peregrino consegue alívio pondo-se na sombra sob a cruz de Jesus. Diz ela na composição:

Upon that cross of Jesus
[No alto da cruz de Jesus]
Mine eye at times can see
[Às vezes meus olhos podem ver]
The very dying form of One,
[O vulto moribundo Daquele,]
Who suffered there for me;
[Que lá sofreu por mim;]

And from my stricken heart, with tears,
[E, de meu coração ferido, em lágrimas,]
Two wonders I confess,
[Dois assombros eu confesso,]
The wonders of His glorious love
[As maravilhas do Seu glorioso amor]
And my own worthlessness.
[E o assombro do meu desvalor.]

Essa estrofe ilustra a ideia universal de salvação associada à cruz de Jesus. O que fora outrora um símbolo de terror e vergonha, transformou-se, na mentalidade dos cristãos, numa fonte de alívio. Clephane reflete também a antiga crença cristã de que o imerecido sofrimento de Jesus alivia o padecimento que os cristãos poderiam ter sem o sacrifício dele. Em suma, a maioria dos cristãos acredita que o pecado traz sofrimento, mas a cruz de Jesus soluciona o problema do pecador. Isto é considerado a manifestação máxima do amor divino.

Enfim, o hino de Clephane expressa uma sensação de "impotência". Ela faz isto de forma comparativa. O ato de amor sacrificial e o grande sofrimento de Jesus parecem um acontecimento tão extraordinário que são indignos do crente. Embora a última linha possa transmitir a ideia de baixa autoestima, sua intenção é transmitir a ideia de "coração ferido" diante da percepção de um "amor glorioso". Nesse hino, a cruz é um sucedâneo de Jesus como salvador e benfeitor da humanidade.

JESUS — MARIDO E AMANTE

Uma das ideias mais comuns sobre Jesus na cultura pop é a crença de que ele andava com prostitutas. E confesso que reproduzi essa metáfora em um dos meus livros:

> Os evangelhos canônicos revelam a fama [de Jesus] [falando de sua índole] de hedonista amante de festas e do envolvimento socialmente inapropriado com mulheres. Parece que Jesus privava regularmente da companhia de prostitutas e belas mulheres interesseiras.*

Embora Jesus pareça mesmo ter fama de hedonista nos evangelhos, foi um erro dizer que ele desfrutava regularmente da companhia de prostitutas. Se eu tivesse pesquisado mais, teria sabido que, nos evangelhos, não existe passagem alguma dizendo que Jesus andava com prostitutas. Aliás, em nenhuma das narrativas do século 1 consta que Jesus andava ou convivia com prostitutas. Portanto, como e quando começou esse boato a respeito de Jesus?

Em suma, embora não haja sequer uma afirmação explícita a esse respeito nos evangelhos, a maioria das pessoas sempre achou que Maria Madalena era prostituta. Mas acabou-se descobrindo que essa suposição é uma ficção proveniente da Idade Média. Num sermão, o Papa Gregório I (ano 591), presumindo então que ela fosse, fez tal afirmação na ocasião, e por conta disto o boato, tantas vezes repetido, acabou se tornando "senso comum" e tem sido assim desde então. Em 1260, um arcebispo chamado Jacobus de Voragine escreveu uma história sobre Maria Madalena, contando a forma pela qual ela caíra na prostituição. Essa crença foi recontada no romance de Nikos Kazantzakis *A última*

---

* Le Donne, A., *Historical Jesus: What can we know and how can we know it?* (Grand Rapids: Eerdmans, 2010), p. 44.

tentação de Cristo, de 1955, obra que Martin Scorsese transformou em filme em 1988. Assim, na imaginação popular do Ocidente cristianizado, Maria Madalena se tornara prostituta. Portanto, quase não havia razão para se questionar o suposto envolvimento de Jesus Cristo com prostitutas.

Numa ampliação ainda maior do equívoco, a sexualidade de Jesus virou o centro das atenções no século 20. *A última tentação de Cristo* contava uma história da imaginária esperança que Jesus tinha de ter uma vida normal (incluindo atividade sexual). Alguns cristãos boicotaram o filme e tentaram proibir a publicação do livro, pois achavam sacrílega a ideia de se falar em devaneios sexuais de Jesus. Desse modo, como a sexualidade de Jesus se tornou um assunto polêmico e visto que ao legado de Maria haviam sido conferidas características sexuais, era natural que se criasse um amante para ela. Jesus tinha sido reinventado e agora era namorado de Maria.

Foi somente com o advento do megaseller de Dan Brown, *O código Da Vinci*, que o grande público começou a imaginar uma Maria sem nenhuma ligação com a prostituição. Na obra, a ideia de ela ser amante de Jesus foi fascinante para os leitores, mas o argumento de que era sua esposa foi a causa do sucesso de vendas. No suspense de Brown, uma francesa moderna, Sophie, toma conhecimento de um antigo encobrimento do escândalo do casamento de Jesus e Maria. De acordo com a história, esse "episódio", mantido em segredo, foi divulgado por intermédio do trabalho do artista renascentista Leonardo da Vinci. Brown apresenta uma conversa que Sophie teve com um historiador quando ambos estavam procurando *A última ceia*, de Da Vinci:

— Essa senhora, querida — respondeu Teabing —, é Maria Madalena.

— A prostituta? — perguntou Sophie, virando-se para ele.

Teabing deu um ligeiro suspiro, como se a palavra tivesse sido uma ofensa pessoal.

— Madalena não era nada disso. Esse preconceito lastimável é o legado de uma campanha de difamação lançada pela Igreja primitiva.

Esse retrato de Madalena como a esposa secreta de Jesus era instigante demais para ser ignorado e suficientemente escandaloso para transformar um divertido suspense no centro de uma polêmica internacional. O livro ocupou o topo da lista dos mais vendidos do *New York Times* por mais de dois anos (2003-5) e foi boicotado por inúmeras igrejas quando o transformaram em filme. Muitos livros de estudiosos e apologistas do cristianismo foram publicados com o único objetivo de patentear as imprecisões históricas da obra.

Todavia, apesar dos elementos ficcionais do livro, é provável que Dan Brown tenha feito todo o possível para revelar a falácia do Papa Gregório ao grande público. A fictícia Maria de *O código Da Vinci* não era prostituta. A Maria de Brown, no entanto, era uma pessoa de sangue nobre. E um componente de grande importância para o caráter empolgante do enredo é que tanto Maria como Jesus eram de linhagem real. Isso foi inspirado, em parte, na ficção de fundo histórico do século 13 do arcebispo Jacobus. Brown descartou aquilo de que não gostou nessa obra de ficção medieval e manteve o que poderia ajudar ao máximo seu enredo. O aspecto irônico é que a sua ficção, embora tenha conseguido abalar a errônea imagem de prostituta de Maria, lucrou com o suposto desejo de Jesus de ter uma vida sexual normal, como todo mundo. Portanto, foi uma obra que explorou o mesmo ponto sensível do universo cultural que *A última tentação de Cristo* havia explorado.

JESUS, NEGROS E BRANCOS

Quando começaram, na Europa do pós-Iluminismo, os primeiros estudos sobre diferenças raciais, a ideia combinava perfeitamente com o conceito de hierarquia racial (algo que agora chamamos de racismo). Os que inventaram o conceito achavam que iriam descobrir que a ciência respaldaria seus preconceitos. Entre tais conceitos apriorísticos estava a ideia de que a inteligência e as inclinações morais poderiam ser previstas por heranças raciais. Assim, antes do surgimento do conceito de "brancura", o arcabouço de sustentação do racismo moderno foi estruturado pelo ideal eurocêntrico do que se consideravam as condições de existência normal da Europa. Características físicas europeias eram tidas como ideais. Já outras variedades de características físicas não eram consideradas nem um pouco condizentes com esse ideal.*

A imagem de Jesus nesse período certamente tem relação com tal ideologia. Para compreender o problema na sua complexidade, dois motivos do seu surgimento devem ficar claros. O primeiro é que, em muitas das grandes obras de arte europeias (que transmitiam o ideal de tipos biológicos), Jesus foi representado

---

* Hutchinson, J. e Smith, A. D., "Introduction", in *Ethnicity*, ed. J. Hutchinson e A. D. Smith (Oxford University Press, 1996), pp. 6-7.

CONHEÇA ESTA PALAVRA: ETNIA

Etnia é uma palavra que foi cunhada em 1953, com base no termo grego *ethnos*, que significa "povo/nação". A palavra, haja vista ter sido criada na esfera da antropologia, foi inventada como forma de alguns estudiosos se contraporem ao conceito de raça. Eles achavam que, como o conceito de raça tinha conotações de racismo, era necessário criar uma nova designação. O consenso entre os etnólogos é que etnia nada tem a ver com tipo genético. Ao contrário, conforme um livro elementar sobre o assunto a define, etnia consiste na ideia de um povo que apresenta variadas combinações de (1) um nome próprio comum; (2) uma mitologia de origem comum; (3) datas comemorativas em comum; (4) um ou mais elementos culturais em comum; (5) uma ligação com uma pátria (concreta ou simbólica); (6) um sentimento de solidariedade para com a pátria.

---

como um europeu de pele clara. Esses retratos de Jesus influenciaram os preconceitos de hierarquia racial. Em suma, a falsa crença em um Jesus de pele clara reforçou os ideais racistas europeus. O segundo consiste no fato de que, embora a pseudociência do racismo tenha sido invalidada na esfera da sociologia e das ciências genéticas, a invenção do conceito de raça (principalmente em torno da ideia de "negros" e "brancos") tornou-se uma realidade por causa dos nossos próprios erros. Aliás, o racismo chancelado por uma falsa ciência teve tão profunda e generalizada influência que incrustou na mente dos cristãos do Ocidente um preconceito quase indelével. Por isso, a suposta condição de homem branco de Jesus — condição que encarna os ideais do Ocidente — está fundamentalmente arraigada na nossa consciência coletiva.

Por isso, o Ocidente cristianizado criou um círculo vicioso: representações eurocêntricas de Jesus reforçam os nossos ideais racistas; nossos ideais racistas, por sua vez, reforçam a imagem de um Jesus eurocêntrico. Portanto, aos nossos olhos, a imagem protótipica de Jesus — em que ele é mais claramente o Jesus das nossas expectativas — é a de um homem branco.

Muito antes desse discurso chegar à cultura pop, o defensor dos direitos civis Malcolm X, contestou o emblemático retrato de homem branco de

Jesus. Ele argumentou convincentemente que o cristão afro-americano tinha sofrido lavagem cerebral:

> Ele não está interessado em ter uma religião própria. Ele acredita num Jesus branco, numa Maria branca, em anjos brancos e está tentando chegar a um céu de brancos. Quando o ouvimos cantar na igreja, acho que eles chamam isso de "Lavar-me até eu ficar branco como a neve". Ele quer ser — ele quer que o façam ficar branco, de modo que possa ir para o céu ao lado de um homem branco. Ele não tem culpa disso; não tem mesmo. Mas essa é a sua mentalidade. É o resultado de quatrocentos anos de lavagem cerebral aqui nos Estados Unidos.*

Embora as reações à crítica de Malcolm X tenham sido as mais variadas, ela foi levada a sério por importantes teólogos cristãos. O mais influenciado pela sua crítica foi o teólogo James Hal Cone. Ainda que permanecendo dentro da tradição cristã, Cone começou a exorcizar a supremacia branca do seu cristianismo. Porém, o mais importante para ele era que seguir Jesus significava identificar-se com os desvalidos — afinal de contas, Jesus se identificara com os pobres e os excluídos da sua época. "Com o amor de Deus, aos negros é dado o poder de *se transformar*, o poder para fazer que outros os reconheçam."** Mas vale observar que, de acordo com Cone, essa concessão do poder divino só era possível se o cristão afro-americano permanecesse na sua condição de homem negro.

Apesar disso, a imagem de homem branco de Jesus continua dominante no Ocidente cristianizado. Tão arraigada está essa imagem na nossa consciência coletiva que, geralmente, o assunto só é tratado na cultura pop quando um artista resolve se afastar dialeticamente dela num de seus trabalhos. E, em geral, somente quando vemos Jesus representado como negro é que debatemos as nossas crenças tradicionais acerca da sua condição étnica. Na sua obra publicada em 2012, *The Color of Christ*, Blum e Harvey explicam a forma com que o problema se apresenta na cultura pop:

---

* Extraído de "The Race Problem", 23 de janeiro de 1963 (http://ccnmtl.columbia.edu/projects/mmt/mxp/speeches/mxt15.html). (Acesso em 29 de março de 2018.)
** Cone, J. H., *Black Theology and Black Power* (2ª ed.; São Francisco: HarperSanFrancisco, 1989 [1969]), p. 52.

A longa história sobre a vida de Jesus e as questões raciais tornaram a ideia do exclusivismo da cor branca, como apanágio de uma condição sagrada do homem, algo questionável e até passível de modificações. Mas, de modo geral, continua admissível e comercialmente válida. Como consequência do grande sucesso de *O código Da Vinci*, milhões de leitores se dispuseram a observar atentamente obras de arte europeias para ver se Maria Madalena estava realmente na companhia de um Jesus branco na Última Ceia... Na imaginação ficcional de Dan Brown, os quadros continham supostos segredos de poderes sexuais, mas ninguém percebeu o racismo oculto bem debaixo de seus narizes. Dan Brown jamais procurou saber se a cor branca da pele das figuras pintadas no quadro tinha algum significado. Poucos anos antes, centenas de milhões de pessoas ficaram assistindo, enfeitiçadas, a um Jesus de pele branca e olhos castanhos (embora o ator tivesse olhos azuis) ser espancado até se transformar numa massa de frangalhos humanos ensanguentada. Nenhum dos que participaram do filme dirigido por Mel Gibson, *A Paixão de Cristo* (2004), falava inglês, mas isto não fez a menor diferença. O que importava era ver Jesus e seu corpo [destroçado].*

Agora, não é difícil encontrar criações artísticas sobre Jesus em que ele aparece com atributos de vários fenótipos étnicos. Uma rápida pesquisa em busca de imagens na internet usando a frase "Jesus étnico" gera resultados com múltiplas variações. Mas este fato apenas reforça a imagem padronizada de Jesus, um homem branco, na cultura pop. Jesus aparece quase exclusivamente na condição de homem branco se a pesquisa na busca de imagens for reduzida simplesmente à palavra "Jesus".

Tal como seria de esperar em controvérsias envolvendo a cultura pop, a representação padronizada de um Jesus de pele branca provoca pequenas mas veementes manifestações de repúdio. O *Urban Dictionary* (geralmente dedicado à definição de gírias usadas por jovens) demonstra esse tipo de reação. Veja a seguir a primeira definição do verbete "Jesus negro":

---

* Blum, E. J. e Harvey, P., *The Color of Christ: The Son of God and the Saga of Race in America* (Chapel Hill: The University of North Carolina Press, 2012), p. 13.

Bem, é verdade. Sinto muito, KKK e afins. Vocês esperavam mesmo que eu fosse um branquelo numa região como o Oriente Médio? *Hellooo...* Afinal, judeus não são semitas? Ora, eu parecia mais com um árabe ou um egípcio do que com o George Bush.*

É improvável que o autor (que se identifica como Black Jesus) represente algum grupo etnográfico específico. A definição é apenas a opinião de uma pessoa. Mesmo assim, observe que ele ou ela tenta comunicar o fato inquestionável dos atributos etnográficos de Jesus e das suas apenas presumidas características físicas classificando quaisquer possíveis detratores como supremacistas brancos. Já com um pouco mais de moderação, a blogueira Franchesca Ramsey tenta corrigir essa falsa crença dos adeptos da cultura pop no seu vídeo de notícias pela MTV News:

> Embora um Jesus [com características físicas de] coreano ou afrodescendente talvez não seja historicamente fiel [aos fatos] — assim como um Jesus de cabelos louros e olhos azuis —, pessoas de cor têm o direito de verem o reflexo de si mesmas na sua religião, ainda mais após séculos em que vêm sendo ensinadas e forçadas a cultuar um Deus que não se parece com elas.**

Nesse caso, vemos um exemplo de criatividade consciente motivado por respeito pelas diferenças. Afinal, o Jesus negro não é um antídoto para as suas representações como homem branco; ao contrário, o antídoto é para teses de racismo, aceitas outrora sem maiores reflexões.

Jesus e a Cultura Esportiva

O filme *Garra de Campeões* (1989) é uma comédia baseada na cultura do beisebol. Os personagens são jogadores de beisebol fictícios que apresentam os mais variados estereótipos de personalidade. Alguns são supersticiosos,

---

* "Black Jesus", *Urban Dictionary* [Online]. (www.urbandictionary.com/define.php?term=black%20jesus). (Acesso em 29 de março de 2018.)
** Conforme citação em "What Did Jesus REALLY Look Like? | Decoded", *MTV News*; 16 de dezembro de 2015 [Online]. (www.youtube.com/watch?v=mPRnrfTHeL4). (Acesso em 29 de março de 2018.)

outros, antissociais, e outros mais, hedonistas. O filme proporciona também um quadro do culto religioso consagrado a Jesus nos Estados Unidos. Numa das cenas, Cerrano, o melhor rebatedor do time, diz: "Jesus... gosto muito dele, mas ele não me ajuda com bolas arremessadas com efeito." Nisso, um colega de time, que tem verdadeira adoração por Jesus, questiona: "Está querendo dizer que Jesus Cristo não consegue rebater uma bola arremessada com efeito?" Logicamente, esses personagens são caricaturas, mas é bem provável que uma conversa desse tipo aconteça em qualquer vestiário de jogadores de beisebol, principalmente nos Estados Unidos.

Atletas profissionais precisam saber lidar com "jogos de interesse, no ambiente de trabalho" que incluem Jesus. Por isso, nos esportes, a coisa não é diferente do que acontece em outras profissões. Jogadores organizam estudos da Bíblia e sessões de culto religioso semanais. Às vezes, fazem também orações em campo, como demonstração pública de fé, e alguns usam redes sociais para atrair a atenção para Jesus. Por exemplo, depois que ganhou a Copa do Mundo de Futebol Feminino, a meio-campista Lauren Holiday explicou: "O maravilhoso, o maravilhoso mesmo no amor a Jesus é que isto não é para mim. Não estou chamando a atenção para mim. Portanto, quando piso no campo, consigo jogar com liberdade porque não tenho que me preocupar em fazer gol ou com o que vai acontecer se perdermos, ou caso eu dê um passe errado, pois, com Jesus, não é isto que determina o sucesso".*

Conforme a citação de *Garra de Campeões* indica, às vezes as pessoas recorrem a Jesus como se ele fosse um fator importante para o desempenho profissional. É o tipo de coisa que se pode apresentar também sob o aspecto de um beijo na cruz de um cordão antes ou depois de uma jogada. Outro exemplo disto poderia ser o de uma pessoa que dedica um momento de grande concentração e silêncio para meditar na sua rotina diária. As orações dirigidas a Jesus podem ser igualmente uma parte importante na necessidade de lidar com fracassos ou lesões graves no estádio.**

---

* Ashcraft, M. e Ellis, M., "Christian soccer players bring home Women's World Cup: a profile of Lauren Holiday", *God Reports*, 9 de julho de 2015 [Online]. (http://blog.godreports.com/2015/07/christian-soccer-players-bring-home-womens-world-cup-a-profile-of-lauren-holiday/). (Acesso em 29 de março de 2018.)

** Exemplos de testemunhos como esses são divulgados por uma organização cristã pararreligiosa chamada Athletes in Action. Ver Balmer, R. H., *Encyclopedia of Evangelicalism* (2ª ed.; Waco: Baylor University Press, 2004), p. 42.

Figura 30 O ex-quarterback do time da Universidade da Flórida Tim Tebow foi fotografado enquanto orava ajoelhado no campo (1º de janeiro de 2012). O amor de Tebow por Jesus se tornou assunto muito comum durante a sua curta e medíocre carreira de atleta profissional. Além de orar em público, ele pedia que lhe escrevessem "João 3:16" no rosto, em seu esforço de evangelização. O ato de Tebow ficou conhecido como "tebowar" (verbo).

Em Nova York, em 1951, nenhuma rivalidade era mais importante para os torcedores de beisebol do que a existente entre os Giants e os Dodgers. Numa partida que decidiria qual time iria para a final, Bobby Thomson (Giants) rebateu uma bola de Ralph Branca (Dodgers) e fez um home run. A façanha de Thomson levou os Giants a uma vitória por 5 a 4. Após o jogo, Branca deixou o estádio arrasado. Conversou com o reverendo Pat Rowley, um sacerdote católico (jesuíta), que tentou consolá-lo. Branca perguntou: "Por que logo eu?" E Rowley respondeu: "Ralph, Deus o escolheu, afinal, sabia que você seria forte o bastante para suportar essa cruz."*

O conselho do padre revela a existência de uma crença superdifundida entre os cristãos, segundo a qual Deus usa as adversidades do ser humano para

* Goldstein, R., "Ralph Branca, Who Gave Up 'Shot Heard Round the World,' Dies at 90", *New York Times*, 3 de novembro de 2016 [Online]. Extraído de www.nytimes.com/2016/11/23/sports/baseball/ralph-branca-who-gave-up-shot-heard-round-the-world-dies-at-90.html.

lhe transmitir ensinamentos. Sofrendo, os cristãos vivem, em certa medida, de acordo com o exemplo de Cristo, que padeceu na cruz. Atletas cristãos usam esse exemplo para aliviar suas preocupações. Por outro lado, é muito comum atletas cristãos agradecerem a Jesus publicamente quando são bem-sucedidos. Portanto, para eles, Jesus está presente tanto nas vitórias como nas derrotas.

O JESUS GAY DE ELTON JOHN

O cantor e compositor britânico Elton John deu uma entrevista à revista *Parade* em que declarou: "Acho que Jesus foi um gay superinteligente, compassivo e que entendia os problemas humanos." Além de membro do Hall da Fama dos Astros do Rock and Roll, Elton John é filantropo e antigo defensor da causa LGBT. Foram muitas as vezes que falou publicamente sobre sua vida como homossexual, marido e pai. Certa vez, ele disse a respeito de Jesus: "Na cruz, ele perdoou as pessoas que o crucificaram. Jesus queria que fôssemos amorosos e magnânimos. Não sei o que torna as pessoas tão cruéis."

Jornalistas da ABC News foram procurar uma resposta para isso junto a Bill Donohue, o presidente da Liga Católica. Donohue criticou Elton John, dizendo que "chamar Jesus de homossexual é rotulá-lo de pervertido sexual". E o reverendo Sharon Ferguson assim reagiu, em resposta à declaração de Elton John: "Não acho que comentários como esses sirvam muito para alguma coisa." Note que o reverendo é membro do Lesbian and Gay Christian Movement.

> "Em suas relações com os discípulos e amigos, ele pôs em xeque a compreensão que temos do amor uns pelos outros. Portanto, deveríamos levar em conta a atitude de tolerância absoluta de Cristo para com a ideia de identidade e orientação sexual [dos outros], mas isto não significa que devamos fazer suposições a respeito da atividade sexual por parte de Cristo ou da inexistência dela." Independentemente das consequências, mais uma vez esses comentários põem o Rocket Man bem no centro de um furacão de controvérsias. A revista estará nas bancas no sábado.*

---

* Gallego, S., "Elton John: Jesus 'Super-Intelligent Gay Man'", ABC News, 19 de fevereiro de 2010 [Online]. Extraído de http://abcnews.go.com/Entertainment/elton-john-jesus--super-intelligent-gay-man/story?id=9889098.

Existem, pelo menos, quatro objetivos nessa matéria. O de Elton John parece consistir na defesa de um grupo que tem sido perseguido ao longo da história. No caso de Bill Donohue, seu objetivo parece relacionado com a defesa de uma visão mais conservadora do conceito do que se considera *normal* na questão da orientação sexual. Já Sharon Ferguson aparentemente defende a reconciliação entre uma Igreja quase sempre exclusivista e um grupo historicamente perseguido. Enfim, tanto a revista *Parade* como a ABC News parecem estar divulgando essa controvérsia para vender produtos. A semelhança entre os quatro é que o nome "Jesus" é usado para promover um objetivo. Enfim, para o bem ou para o mal, o nome de Jesus é uma força ideológica. Tem sido assim na cristandade há dois milênios, e não é nem um pouco diferente agora.

Logicamente, isso é apenas o exame de um aspecto num quadro muito maior de possíveis discussões sobre sexualidade e gênero no Ocidente cristianizado. É muito comum o nome de Jesus ser citado em conversas dessa natureza. Eu mesmo ouço, com muita frequência, defensores da igualdade dos direitos LGBT citarem algo que Jesus *não* disse. Por exemplo, o ex-presidente americano Jimmy Carter afirmou: "A homossexualidade era bem conhecida no mundo antigo, muito antes do nascimento de Cristo, e Jesus jamais disse uma palavra sequer sobre homossexualidade."[*] Mas afirmações como a de Elton John, de que Jesus era gay, embora seja um alvo de debates relativamente novo, são cada vez mais comuns.[**]

Devemos considerar, porém, que muitas vezes discussões sobre o assunto resultam numa compreensão demasiadamente simplista da questão relativa a gênero sexual. Nelas, Jesus é gay ou é heterossexual. É um abandono do constructo dualista de homem versus mulher, mas é apenas a substituição de um constructo dualista por outro. Um questionamento melhor seria: Jesus chama a si mesmo de "homem" nos evangelhos, mas que tipo de masculinidade ele representava?[***]

---

[*] Raushenbush, P. B., "President Jimmy Carter Authors New Bible Book, Answers Hard Biblical Questions", *Huffington Post*, 19 de março de 2012 [Online]. Extraído de http://www.huffingtonpost.com/2012/03/19/president-jimmy-carter-bible-book_n_1349570.html.
[**] Vale assinalar que essa ideia foi debatida antes por Christopher Marlowe (1564-93) nos círculos literários.
[***] Trato dessa questão em meu livro *The Wife of Jesus: Ancient Texts and Modern Scandals* (Londres: Oneworld, 2013).

CRISTIANISMO AMERICANO: AH, SIM, E JESUS TAMBÉM, ACHO

O cristianismo nos Estados Unidos da América está mudando. De modo geral, os americanos, hoje em dia, são menos apegados a doutrinas, a leituras da Bíblia e a questões de princípios éticos do cristianismo histórico. Por causa disto, o entendimento que têm de Jesus também está evoluindo.*

O National Study of Youth and Religion é um estudo sociológico com a participação de 3.000 jovens e seus pais, o qual proporciona um quadro panorâmico da vida religiosa dos adolescentes americanos (2001, 2009 e 2015). Os autores Christian Smith e Melinda Lundquist Denton sintetizam a relação do americano atual com a religião no conceito de "Deísmo Terapêutico-Moralista". Mas o que Smith e Denton descobriram é que pessoas jovens tendem a acreditar que "Deus é algo como a combinação de um Mordomo Divino com um Terapeuta Cósmico: ele está sempre à disposição, cuida de quaisquer problemas que surjam, ajuda profissionalmente seu povo a se sentir melhor consigo mesmo e não interfere muito nos nossos assuntos quando o faz".**

Embora a criação do conceito de Deísmo Terapêutico-Moralista (DTM) tenha sido feita originariamente para rotular uma geração específica de adolescentes americanos, é provável que indique também uma tendência maior entre os americanos como um todo. Em 2009, Christian Smith e Patricia Snell complementaram esse trabalho avaliando jovens em transição para a idade adulta participantes do estudo.*** Kenda Creasy Dean argumenta que é muito provável que os jovens pesquisados reflitam a fé de seus pais.**** Além disto, o DTM agora é uma tendência que atravessa gerações e, provavelmente, se estende para muito além da cultura americana.

Enfim, muitos americanos creem que existe um Criador divino, mas somente intervém nos assuntos humanos quando o problema é gravíssimo. Segundo eles, o Criador quer que as pessoas se sintam bem, sejam boas e convivam em harmonia. Afinal, pessoas boas vão para o céu após a morte. São crenças vagas, e não frutos de

---

* Essa transformação cultural pode ser também uma indicação das tendências de âmbito global. Concentro-me aqui no meu próprio ambiente cultural para fornecer uma parte da influência e da presença de Jesus na cultura popular.
** Smith, C. e Lundquist Denton, M., *Soul Searching: The Religious and Spiritual Lives of America Teenagers* (Oxford: Oxford University Press, 2005), p. 165.
*** Smith, C. e Snell, P., *Souls in Transition: The Religious and Spiritual Lives of Emerging Adults* (Oxford: Oxford University Press, 2009).
**** Creasy Dean, K., *Almost Christian: What the Faith of Our Teenagers is Telling the American Church* (Oxford: Oxford University Press, 2010).

uma vida firmada em princípios éticos concretos e numa firme convicção religiosa. Embora os adeptos do DTM sejam pouco parecidos com os professantes do cristianismo primitivo, muitas das pessoas pesquisadas se consideram cristãs. Por isso, Jesus foi mencionado também — se bem que vaga e relutantemente — em várias entrevistas do National Study of Youth.

Muitos dos que foram avaliados "se sentiam à vontade para falar sobre Deus de forma geral, porém não especificamente sobre Jesus".[*] O estudo revelou uma ambivalência em comum com relação a Jesus, até mesmo entre os que frequentavam igrejas. Eles disseram que acreditavam em Deus e Jesus, mas também que essa crença não influenciava sua vida fora da igreja. "Um número considerável de adolescentes cristãos que entrevistamos apresentou uma espécie de atitude de 'Ah, sim, e Jesus também, acho', na tentativa de manifestar suas crenças religiosas essenciais".[**]

Logicamente, os Estados Unidos ainda são uma nação formada, em grande parte, por aqueles que se consideram cristãos e que têm ideias religiosas tradicionais a respeito de Jesus. Em seu livro de 2009, *Souls in Transition*, Smith e Snell resumem isso da seguinte forma:

> Cerca de dois em três jovens em transição para a idade adulta (68%) afirmam que acreditam que Jesus era o filho de Deus que foi ressuscitado dentre os mortos. Onze por cento deles dizem que Jesus foi um importante mestre da humanidade, mas não o filho de Deus. E um por cento declara que Jesus nunca existiu.[***]

É importante considerar também que aqueles que foram rotulados de "deístas terapêutico-moralistas" nesse estudo sociológico não usavam esse rótulo. Aliás, pelo menos 68% repetem o discurso de que são seguidores da doutrina do cristianismo primitivo quando lhes fazem uma pergunta direta sobre Jesus (ainda que se sintam meio relutantes em falar a esse respeito). Apesar disso, a atitude de *Ah, sim, e Jesus também, acho* assinala a existência de um importante componente da experiência religiosa dos cristãos. Jesus pode até ser um conhecido elemento da doutrina, mas o conhecimento da sua vida

---

[*] Smith e Lundquist Denton, *Soul Searching*, p. 267.
[**] Smith e Denton, *Soul Searching*, p. 135.
[***] Smith e Snell, *Souls in Transition*, p. 121.

e dos seus ensinamentos é escasso entre muitos cristãos. Algo de suma importância, porém, é o fato de que a aliança religiosa com Jesus tem muito pouca influência na maneira de viver dos americanos.

OS MEMES DE JESUS

Memes, no mundo das redes sociais, combinam frases curtas com imagens para sintetizar uma ideia. Ideias assim, sucintas e expressivas, podem ter um viés espirituoso, político, zombeteiro ou inspirador. A palavra "meme" foi cunhada por Richard Dawkins para ser o símbolo de um fenômeno mais universal:

> Precisamos de uma palavra para designar o novo disseminador de informações, um substantivo que transmita a ideia de uma unidade de disseminação de cultura, ou uma unidade de imitação. O termo "mimeme" provém da raiz de uma palavra grega ideal para isso, mas eu quero um monossílabo que soe como algo semelhante a "gene" (em inglês, um monossílabo). Espero que meus amigos amantes da antiga cultura clássica me perdoem se eu abreviar mimeme para meme. Se isto servir de consolo, poderia ser visto como algo relacionado ao termo "memória" ou à palavra francesa *même*.*

O meme da internet, portanto, tenta criar uma unidade de informação da cultura pop para transmitir uma ideia.

Costumo encontrar memes de Jesus no Facebook. Talvez em razão de meu seleto grupo de "amigos", são frequentes as vezes que deparo com representações de Jesus na forma de manifestações políticas. Por exemplo, vejo constantemente uma variação da seguinte situação: Jesus está em pé diante de 5.000 pessoas famintas (cf. Marcos 6:31-44) conversando com um dos seus discípulos.

É um meme que cria uma dupla ironia: Jesus, protagonista da famosa cena em que alimentou os famintos e recomendou que seus seguidores fizessem o mesmo, é retratado agora como um político grosseiro. No meme, Jesus se recusa a alimentar pessoas famintas por causa da sua ideologia

---

* Dawkins, R., *The Selfish Gene* (2ª ed.; Oxford: Oxford University Press, 1990), p. 192.

conservadora (liberalismo econômico). Desse modo, torna-se uma caricatura. A segunda ironia latente é que (de modo geral) os americanos republicanos costumam ostentar uma atitude de maior devoção a Jesus; no entanto, suas políticas parecem revelar a crença de que o pobre é um fardo para o contribuinte.

Figura 31 Jesus conservador (mais ou menos no século 21). "Não podemos alimentar toda essa gente. Isso só criaria dependência."

Um meme semelhante apresenta a mesma imagem com a seguinte legenda: "Em verdade vos digo; cada um destes parasitas será submetido a um antidoping antes de se alimentar! (Jesus Republicano)". Mais uma vez, a mesma ironia. Do ponto de vista progressista, o meme "Jesus Republicano" é um oximoro.

Agora, considere esse meme de um ponto de vista contrário. Usando a mesma imagem, Jesus é retratado numa situação em que diz: "Mandei que vocês alimentassem os pobres, e não que criassem leis que roubassem o povo para fazer isso!" O título dele é: "Jesus Libertário." Esse meme projeta fiscalmente em Jesus uma voz profética conservadora, mas não caricata.

Nesse caso, Jesus personifica inequivocamente valores conservadores. O autor desse meme defende a ideia de que muitos cristãos são generosos demais, mas não confiam na cobrança de impostos como forma de levar uma vida pautada pelos princípios éticos de Jesus.

Em ambos os casos, Jesus é cooptado para servir a um projeto político. Na política americana, seguidores de ideologias conflitantes costumam usar Jesus como defensor da causa de ambos os lados. Assim, tanto os defensores como os objetores da pena de morte usam ensinamentos de Jesus para defender seus pontos de vista. Vemos a mesma representação ambivalente do Mestre Nazareno no âmbito dos debates sobre sexualidade. Enfim, a invenção do meme da internet é apenas uma nova forma de se criar um Jesus à nossa imagem e semelhança.

O JESUS SEM-TETO

O artista plástico canadense Timothy Schmalz nos convida a conhecer mais uma vez o verdadeiro Jesus na sua escultura interativa intitulada *Jesus Sem-Teto*. Em tamanho natural, a peça foi instalada numa calçada do Regis College, faculdade da Universidade de Toronto (2013). Réplicas foram instaladas também em várias grandes cidades ao redor do mundo, assim como outras mais em pontos do Vaticano.

Entretanto, a escultura *Jesus Sem-Teto* tornou-se uma obra infame assim que foi instalada do lado de fora da St. Alban's Episcopal Church, em Davidson, Carolina do Norte. Moradores das proximidades da igreja acharam que a escultura era um "mendigo" vivinho da silva e chamaram a polícia para que tirasse o infrator dali.

Schmalz combina vários níveis de realismo estético na obra. À primeira vista, nessa representação artística sem rosto, Jesus é retratado com um realismo primoroso; tanto é que acaba confundido com uma pessoa real. É o tipo de coisa que nos faz questionar: *Se, afinal, o problema de falta de moradia não era um problema real, por que alguém teria chamado a polícia para tirar "Jesus" dali?*

Os únicos sinais que permitem ver que essa é uma estátua de Jesus são as feridas nos pés causadas pelos pregos. Mas observe também que há espaço suficiente no banco para se sentar aos seus pés. Portanto, o Jesus de Schmalz incentiva um encontro e um envolvimento com a obra. Como é concreta, Jesus se torna mais real ainda.

Figura 32 *Jesus Sem-Teto* (2013): A peça que aparece na fotografia é uma réplica instalada em San Antonio, Texas.

Mas todos os moradores de Davidson gostaram do caráter convidativo da obra. Já uma moradora vizinha à igreja considerou a escultura desagradável: "Jesus não é um mendigo. Jesus não é uma pessoa desamparada que precisa da nossa ajuda."*

De certo modo, essa crítica se mostra coerente com um aspecto da ortodoxia cristã. Os cristãos homenageiam e prestam culto a um Jesus ressuscitado. A mensagem no Livro do Apocalipse é uma glorificante progressão de final apoteótico em que o Jesus retratado como o cordeiro sacrificado se torna um guerreiro vitorioso no fim de tudo. Mas, até mesmo nesses reflexos pós-ressurreição, vemos a imagem de um juiz majestoso que anuncia: "Vinde, benditos de meu Pai. Possuí por herança o reino que vos está preparado desde a fundação do mundo; porque tive fome, e me destes de comer; tive sede, e me destes de beber; era forasteiro, e me acolhestes; estava nu, e me vestistes; adoeci, e me visitastes; estava na prisão e fostes ver-me" (Mateus 25:34-6).

---

* Citado do vídeo "Homeless Jesus statue sparking debate", CNN Belief Blog, 28 de fevereiro de 2014 [Online]. (http://religion.blogs.cnn.com/2014/02/28/homeless-jesus-statue-sparking-debate/). (Acesso em 29 de março de 2018.)

Figura 33 *Jesus Sem-Teto* (em close): Fotografia dos pés perfurados de Jesus. (Agradeço a Timothy Schmalz pela permissão e pela foto.)

Cristãos de todas as eras criaram espaços e datas sagrados para um encontro com o desamparado Jesus. Foi essa oportunidade que a ofendida vizinha perdeu na precipitada atitude de condenar a escultura de Schmalz e, assim, "fazer uma faxina" no bairro. Vale notar também que vizinhos do local só foram enganados pela estátua quando a observaram de certa distância. Já os que se sentaram aos pés de Jesus vivenciaram uma experiência diferente com a arte.

JESUS E OS REFUGIADOS

Ao longo deste livro, vimos que Jesus — para artistas, historiadores, políticos etc. — costuma refletir as crenças e os ideais da cultura contemporânea. É compreensível, portanto, que desconfiemos quando um antissemita argumenta que, de certa forma, Jesus destruiu o judaísmo (ver: Renan, pág. 154). A dúvida é justificável quando um povo belicoso retrata Jesus como um grande guerreiro (ver sobre o poema *Heliand*, pág. 126). Deveríamos questionar artistas eurocêntricos que representaram Jesus com pele clara e olhos azuis nas suas pinturas.

Note, porém, que nem toda crença ideológica (ou ideal) é equivocada. Por exemplo, Martin Luther King enfatizava que Jesus ensinava seus seguidores a não recorrerem a atos de violência. Está claro que esta ênfase se firma na ideologia de King, mas isto não muda o fato de que Jesus realmente ensinava a prática da resistência pacífica e de que parece que seus primeiros seguidores levavam isto a sério. Portanto, embora esteja claro que a imagem que King transmitia de Jesus refletia seus próprios ideais, o fato é que ele tinha razão.* Considere, então, a seguinte reflexão sobre a história dos cristãos feita pelo presidente Barack Obama em 2016:

Quando recontamos aquela história sobre viajantes cansados, uma estrela, pastores e Reis Magos, torço para que nos concentremos também na mensagem que essa criança trouxe a este planeta cerca de 2.000 anos atrás. Uma mensagem que diz que devemos ser os zeladores do bem dos nossos irmãos e das nossas irmãs; que temos de estender a mão uns para os outros, perdoar uns aos outros, deixar a luz das nossas boas ações brilhar para todos; que temos de cuidar dos doentes, dos famintos e dos oprimidos. E, logicamente, devemos amar uns aos outros, até mesmo nossos inimigos, e nos tratar da mesma forma com que gostaríamos de ser tratados. É uma mensagem que constitui as bases não só da religião cristã da minha família, mas também da religião dos judeus-americanos, dos muçulmanos-americanos; de descrentes e americanos com experiências muito diferentes entre si. É uma mensagem de união e retidão; uma mensagem de esperança que nunca sairá de moda.**

Obama usou a história do nascimento de Jesus como um apelo à necessidade de "união e retidão" numa época de grande divisão nos Estados Unidos. Muitos cristãos temiam seus vizinhos muçulmanos e, por isso, eram contrários à entrada de refugiados muçulmanos no país. Sem dúvida, a plataforma

---

* É importante notar, porém, que os ensinamentos de Jesus sobre resistência pacífica não devem ser confundidos com o moderno pacifismo. Essas ideologias se correlacionam, mas não são exatamente a mesma coisa.

** "Remarks by the President at Lighting of the National Christmas Tree", Gabinete da Secretaria de Comunicação, 1º de dezembro de 2016 [Online]. (https://obamawhitehouse. archives.gov/the-press-office/2016/12/03/remarks-president-lighting-national-christmas-tree). (Acesso em 29 de março de 2018.)

política de Obama se reflete na sua narrativa da história do Natal. Nela também Jesus reflete convenientemente os objetivos e valores de um político, mas isto não invalida a interpretação de Obama.

A historiadora Joan Taylor, reagindo a uma rejeição à entrada de refugiados no Reino Unido em 2016, procurou chamar a atenção das pessoas para a condição de refugiado de Jesus:

> No Evangelho de Mateus, José, o pai (adotivo) de Jesus, e Maria moram em Belém, uma cidade da Judeia, perto de Jerusalém. Ela é tida como a terra natal deles. Certos *magoi* ("sábios"/astrólogos) vêm do "Oriente" para ter com Herodes, o governador romano da Judeia, visando homenagear um novo governante cuja chegada eles previram observando uma "estrela", e acabam descobrindo que Jesus era o tal. Como essas coisas são más notícias para Herodes, ele resolve fazer um ataque surpresa preventivo contra o povo de Belém e redondezas. Manda matar todos os meninos com menos de 2 anos de idade, perpetrando, assim, uma atrocidade que é tradicionalmente conhecida como "o massacre dos inocentes" (Mateus 2.16-18). Mas, num sonho, José tinha sido avisado com antecedência das intenções de Herodes de matar o menino Jesus, e a família fugiu para o Egito. Somente depois que Herodes morre, José e Maria se atrevem a voltar, mas evitam retornar à Judeia: José "temeu ir para lá" (Mateus 2.22), pois o filho de Herodes está no poder. Em vez disto, eles encontram um novo refúgio em Nazaré da Galileia, longe de Belém. De acordo com o Evangelho de Mateus, Jesus passou seus primeiros anos de vida, portanto, na condição de refugiado político numa terra estranha e depois como estrangeiro num povoado distante da terra natal da sua família.*

Taylor reconhece que muitos historiadores rotularão essa história como ficção histórica, mas ela não vê esse relato como ficção em sentido absoluto. Afinal de contas, eram famosas a paranoia e as reações severas de Herodes com aqueles que representavam uma ameaça ao seu poder. Além do mais, de forma geral, fazia parte da experiência dos judeus naquela época enfrentar

---

* Taylor, J. E. "Jesus was a Refugee", The Jesus Blog, 7 de setembro de 2015 [Online]. (http://historicaljesusresearch.blogspot.com/2015/09/jesus-was-refugee.html). (Acesso em 29 de março de 2018.)

situações de exílio político e status de refugiado, quase sempre no Egito. Ela argumenta que é provável que essa experiência tenha influenciado a doutrina ética de Jesus:

> Creio que a herança da condição de refugiado e de recém-chegado a um lugar distante de casa influenciou os ensinamentos de Jesus. Quando partiu em cumprimento da sua missão, ele iniciou a vida de um refugiado que "não tem onde reclinar a cabeça" (Mateus 8:20; Lucas 9.58). Ele pedia aos que agiam em seu nome que partissem sem alforje ou muda de roupas, que basicamente fossem andando pela estrada como refugiados carentes que tinham fugido de repente, que contassem com a generosidade e a hospitalidade de pessoas comuns em cujos povoados eles entrassem (Marcos 6.8-11; Mateus 10.9-11; Lucas 9.3). Eram as boas-vindas ou não dos moradores de povoados a peregrinos pobres como eles que demonstravam de que lado estavam: "E se qualquer lugar não vos receber, nem os homens vos ouvirem, saindo dali, sacudi o pó que estiver debaixo dos vossos pés, em testemunho contra eles" (Marcos 6.11).*

Taylor conclui chamando a atenção dos leitores para a Campanha da Cruz Vermelha da Europa de Arrecadação de Fundos para a Crise dos Refugiados. Com isto, ela espera que seus leitores ajudem refugiados dos dias atuais a enfrentar um drama semelhante ao da família de Jesus. Seria seguro afirmar, portanto, que a política de Taylor é coerente com a imagem que ela transmite de Jesus.

Os casos de Taylor e Obama apresentam uma forma mais complicada do efeito psicologicamente "refletor" de que tratei neste livro. Afinal de contas, é possível que os princípios éticos de um político ou de um historiador reflitam uma interpretação crítica e precisa dos evangelhos. Portanto, nossa simplista e apressada suspeita de uma imagem com reflexos personalistas sobre os evangelhos não servirá aos nossos objetivos. Aliás, é justamente onde a metáfora do espelho se torna inadequada. Existem casos (como vemos no exemplo de Jesus como refugiado) em que o artista, o historiador, o político etc. ficaram impressionadíssimos com Jesus e foram transformados pelo impacto da

---

* Taylor, "Jesus was a Refugee".

mensagem do Mestre. Portanto, deveríamos presumir que, em casos assim, eles projetem esse encontro transformador na imagem que fazem de Jesus. Desse modo, em vez de um único espelho, poderíamos imaginar uma situação criada por dois espelhos, um de frente para o outro.

Conclusão

Representações de Jesus na cultura pop podem ser mensagens de profundo significado, engraçadas ou ambas as coisas ao mesmo tempo. Mas não são inofensivas. Na verdade, elas revelam falhas, limitações e objetivos escusos daqueles que as criam. E também podem afetar profundamente os que se deixam dominar ingenuamente por elas.

Minha esperança é que atletas que invocarem o nome de Jesus tenham mais consciência dos problemas criados pelas suas palavras, por mais bem-intencionadas que sejam. Espero que você, leitor, aprenda a contestar a imagem generalizada do Jesus de pele branca na imaginação dos povos ocidentais. Torço também para que os leitores progressistas se apercebam da questão do ambiente histórico dos ensinamentos de Jesus — ou seja, nem toda causa progressista pode ser respaldada pelas palavras de Jesus. Mas, acima de tudo, gostaria de recomendar com veemência que procurem conhecer de fato os pontos de vista de Jesus acerca dos temas de que ele tratou diretamente. Justiça social, o perigo de viver preocupado com a questão da segurança e a realidade da existência do mal são exemplos de temas a respeito dos quais Jesus se manifestou diretamente. Se continuarmos mesmo a usar o legado de Jesus nas nossas conversas atuais, deveríamos nos dispor a sermos contestados pelo verdadeiro sentido da sua mensagem.

A presença de Jesus na cultura pop deve ser moderada com alguma conscientização da personalidade histórica dele e com a consciência individual da tendência que temos de cooptá-lo para os nossos próprios interesses.

Cinco livros sobre Jesus e a cultura pop

Blum, E. J. e Harvey, P. *The Color of Christ: The Son of God and the Saga of Race in America* (Chapel Hill: The University of North Carolina Press, 2012).

Crossley, J. G. *Jesus in an Age of Neoliberalism: Quests, Scholarship and Ideology* (Edição reimpressa; Nova York: Routledge, 2014).

Detweiler C. e Taylor, B. *A Matrix of Meaning: Finding God in Pop Culture* (Grand Rapids: Baker Academic, 2003).

Prothero, S. *American Jesus: How the Son of God Became a National Icon* (Edição reimpressa; Nova York: Farrar, Straus e Giroux, 2004).

Reinhartz, A. *Jesus of Hollywood* (Oxford: Oxford University Press, 2009).

CONSIDERAÇÕES FINAIS

Ao longo deste livro, vimos que artistas, filósofos, historiadores e pessoas religiosas costumam usar Jesus como um espelho da própria projeção psicológica. Muitas vezes, representações de Jesus refletem os valores culturais ou os ideais da época e do lugar em que são feitas. É o que acontece não só com fervorosos seguidores de Jesus, mas também com historiadores. Podemos ver isso em esculturas renascentistas e nos últimos memes da internet. Vemos também reflexos nas vozes de dissensão dos que detestam tradições, mas igualmente nos mais piedosos hinos religiosos.

Contudo, saber que o efeito refletor é algo inevitável pode nos ajudar. Quando procuramos conhecer Jesus e vemos nele muita coisa de nós mesmos, é possível iniciarmos um processo de autocrítica. Eu lido com Jesus na condição de historiador. E abordo a questão da evolução das suas representações culturais e artísticas como um observador de tendências culturais. Em ambos os casos, desconfio da minha interpretação quando ela não desafia os meus valores e as minhas convicções. De vez em quando, descubro algo da essência da natureza humana nas palavras de Jesus. Mas, em última análise, Jesus não nos convém. Afinal, seus ensinamentos não respaldam automaticamente as minhas preferências políticas nem justificam os meus hábitos de consumo dos produtos da cultura pop. Portanto, o efeito refletor pode — se permitirmos — se tornar um instrumento de autocrítica e autoconhecimento. Talvez não seja possível sermos objetivos quando estudamos o Mestre Nazareno na história, na literatura, na religião, no mundo acadêmico e na cultura. Mas é possível sermos sinceros com nós mesmos se tentarmos fazer isso.

Jesus continuará a ser um instrumento de interesses culturais. Seu legado se tornou alvo da exploração dos preconceitos e dos objetivos escusos das mais diversas comunidades, e continuará sendo. Jesus será usado para justificar a misoginia e o feminismo, assim como a Bíblia foi usada para justificar a escravidão e o abolicionismo em gerações anteriores. Jesus será posto no papel de porta-voz dos oprimidos e dará respaldo para os objetivos do opressor. Em suma, seu legado é tão maleável quanto a fértil imaginação ocidental.

Mas Jesus não é — aliás, não deveria ser — uma tela em branco destinada a projetarmos nela, à vontade, nossas ideologias. Afinal, estudantes de história podem — se forem sinceros — ser conscientes. Podemos parar para refletir sobre os nossos preconceitos culturais e objetivos políticos. Podemos rejeitar representações antissemitas ou pró-capitalistas de Jesus, por serem empregos inaceitáveis do seu legado. Podemos rejeitar também ideias de um Jesus moderno, progressista, que se encaixa, sem a menor dificuldade, nas nossas criações pós-iluministas.

Ainda podemos ter uma experiência com o Jesus profético se estivermos dispostos a participar dela com a mente e o coração abertos.

A HISTÓRIA DO MUNDO

PARA QUEM TEM PRESSA

MAIS DE 5 MIL ANOS DE HISTÓRIA RESUMIDOS EM 200 PÁGINAS!

A HISTÓRIA DO BRASIL

PARA QUEM TEM PRESSA

DOS BASTIDORES DO DESCOBRIMENTO À CRISE DE 2015 EM 200 PÁGINAS!

A HISTÓRIA DA
MITOLOGIA
PARA QUEM TEM PRESSA
DO OLHO DE HÓRUS AO MINOTAURO EM APENAS 200 PÁGINAS!

A HISTÓRIA DA
CIÊNCIA
PARA QUEM TEM PRESSA
DE GALILEU A STEPHEN HAWKING EM APENAS 200 PÁGINAS!

A HISTÓRIA DO
SÉCULO 20
PARA QUEM TEM PRESSA
TUDO SOBRE OS 100 ANOS QUE MUDARAM A HUMANIDADE EM 200 PÁGINAS!

A história do
CINEMA
para quem tem pressa
DOS IRMÃOS LUMIÈRE AO SÉCULO 21 EM 200 PÁGINAS!

A HISTÓRIA DA
ASTROLOGIA
PARA QUEM TEM PRESSA

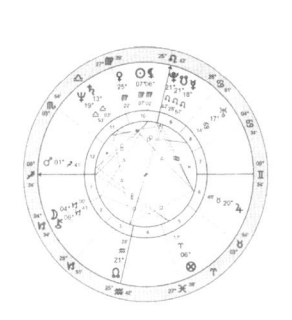

DAS TÁBUAS DE ARGILA HÁ 4.000 ANOS
AOS APPS EM 200 PÁGINAS!

A HISTÓRIA DO
UNIVERSO
PARA QUEM TEM PRESSA

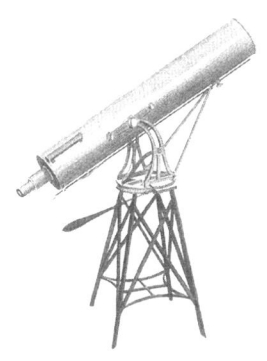

DO BIG BANG ÀS MAIS RECENTES DESCOBERTAS
DA ASTRONOMIA!

A HISTÓRIA DO
FUTEBOL
PARA QUEM TEM PRESSA

DO APITO INICIAL AO GRITO DE CAMPEÃO EM 200 PÁGINAS!

A HISTÓRIA DE
JESUS
PARA QUEM TEM PRESSA

DO JESUS HISTÓRICO AO DIVINO JESUS CRISTO!